En bonne santé

grâce à la micronutrition

Laëtitia Agullo
Dr Didier Chos

En bonne santé
grâce à la micronutrition

Albin Michel

AVERTISSEMENT

Cet ouvrage s'adresse à celles et à ceux qui souhaitent améliorer leur santé ou obtenir le meilleur état de santé possible en modifiant certaines de leurs habitudes alimentaires et leur mode de vie. C'est un livre d'informations et de conseils en matière de nutrition et de micronutrition. Il ne se substitue en aucun cas à une consultation médicale. Seuls des médecins ou des pharmaciens formés à la micronutrition pourront, en tenant compte de votre état de santé, compléter ces informations lors d'une consultation et vous conseiller en matière de nutrition, de micronutrition et de prise de compléments alimentaires.

Ces compléments alimentaires sont parfois utilisés comme produits de confort chez des personnes sans déficiences ni carences, en bonne santé, et soucieuses de le rester, de ne pas vieillir, de se mettre, pensent-elles, « scientifiquement en sécurité nutritionnelle ». Ils sont alors sans réelle utilité ou efficacité et pourraient, administrés à fortes doses, être dangereux.

NOTE AU LECTEUR

Dans cet ouvrage, les auteurs ont décrit les différents outils et concepts de la consultation de micronutrition enseignés depuis 1997 par l'Institut européen de diététique et de micronutrition (IEDM), en partenariat notamment avec le laboratoire PiLeJe, et dans le cadre du DU (diplôme universitaire) Alimentation-Santé et Micronutrition (Dijon).

Pour des raisons de lisibilité, nous avons choisi d'écrire les marques déposées avec une majuscule, sans les faire suivre du sigle ™.

Sommaire

Introduction

Chaque année, nous sommes émerveillés d'entendre les spécialistes de la longévité nous expliquer que l'espérance de vie a encore augmenté de 3 ou 4 mois. Les statistiques montrent également que plus on avance en âge, plus le chiffre de cette espérance de vie augmente. Alors vivrons-nous tous centenaires ? La question commence à se poser.

Cependant, la sagesse populaire laisse entendre que donner « des années à la vie » n'a pas de sens si on ne donne pas « de la vie aux années ». Nous sommes tous d'accord : vivre longtemps pourquoi pas, mais à condition de rester en bonne santé !

Et justement, en juin 2013, on reçoit la douche froide : les statisticiens ont affiné leurs outils ; ils sont capables désormais de calculer l'espérance de vie en bonne santé, ou espérance de vie sans incapacité (EVSI).

Que nous dit ce nouvel indice ? Alors que l'espérance de vie entre 2008 et 2010 a augmenté en France d'environ 4 mois (autour de 85 ans pour les femmes et 80 pour les hommes), l'espérance de vie en bonne santé a chuté d'un an pendant cette même période (63,5 ans pour les femmes contre 64,6 ans auparavant ; 61,9 ans pour les hommes au lieu de 62,7 ans).

Ces résultats illustrent parfaitement l'insuffisance des politiques de santé qui ont privilégié une approche curative de la santé, et n'ont pas suffisamment mis l'accent sur la prévention.

Certes il existe une authentique prévention au niveau des populations pour les problèmes de santé publique, mais les budgets alloués sont encore très insuffisants, et l'accent n'a pas été mis sur la prévention individualisée qui peut être réalisée dans d'excellentes conditions par les professionnels de santé, médecins, pharmaciens et certains paramédicaux.

Sur le terrain, de nombreuses initiatives sont prises, et l'Institut européen de diététique et micronutrition (IEDM) s'intéresse plus particulièrement à la démarche en consultation médicale de médecine préventive individualisée.

Il s'agit d'une véritable médecine complémentaire, visant à compléter les soins par des conseils personnalisés en alimentation, en remise en mouvement, en gestion du stress.

Les professionnels de santé initiés à cette démarche connaissent le maniement de la micronutrition et l'usage des extraits de plantes à visée thérapeutique. Ainsi le médecin a enrichi ses savoirs et sa pratique pour mieux répondre aux exigences d'une médecine moderne, soucieuse de l'écologie de l'organisme de ses patients et de l'économie des deniers de l'État.

Nous disposons aujourd'hui des moyens pour mieux soigner les patients en nous occupant du terrain vulnérable sur lequel se développent les perturbations de santé. Nous pouvons prolonger plus longtemps l'état de santé optimale chez les bien portants, dépister les vulnérabilités, les fragilités, afin de renforcer les organismes pour permettre à chacun de vivre son espérance de vie en meilleure santé : tout un programme pour une longévité réussie...

Dans la panoplie des soins utilisés en médecine préventive individualisée, la micronutrition est devenue incontournable et constitue un pivot central sur lequel l'adoption de nouvelles habitudes de vie va s'ancrer. En quelques mots, la micronutrition peut se résumer à une idée simple : mieux choisir son alimentation et se complémenter sur mesure.

Nous avons choisi dans cet ouvrage de développer les idées de la micronutrition, ses principes, ses outils et ses applications : écrire **une bible de la micronutrition** est bien notre projet.

Nous allons vous aider à comprendre les propriétés des micronutriments, ces molécules miraculeuses que l'on peut découvrir dans son assiette. D'où viennent-elles, comment fonctionnent-elles, à quoi servent-elles, à qui sont-elles destinées ? Nous allons partager avec vous les outils pédagogiques qui ont été élaborés et enseignés au sein des formations de l'IEDM à l'intention des professionnels de santé.

Nous irons également à la rencontre des acteurs nutritionnels destinés à soutenir l'activité de nos « maillons faibles » : harmoniser notre fonction cerveau, optimiser un bon fonctionnement de notre interface digestive, renforcer notre protection cellulaire et faciliter la communication cellulaire.

Pour chaque maillon faible perturbé, nous vous donnerons les clés du succès d'une part au niveau de votre assiette, et d'autre part dans le choix de la complémentation adéquate.

Concernant la complémentation micronutritionnelle, nous avons choisi de vous proposer un certain nombre d'ingrédients que l'on retrouve fréquemment dans les compléments de micronutrition.

Il est cependant important de signaler que la composition d'un complément alimentaire que l'on peut lire sur la boîte, ne renseigne pas totalement sur le produit en question.

En effet, la qualité du produit va dépendre de la qualité des matières premières, et en particulier de leur origine. Elle va dépendre également du contrôle qualité à chaque étape de son élaboration ; on appelle cela la traçabilité.

Par ailleurs, c'est moins le complément de micronutrition en lui-même qui est efficace que son indication en fonction d'un besoin individuel, identifié par un professionnel de santé.

Ainsi, notre objectif est de vous aider à entrer dans le monde passionnant de la micronutrition, et de vous inviter à découvrir une excellente solution « pour prolonger votre espérance de vie en bonne santé ».

La micronutrition au cœur de la santé

Introduction

Adopter une alimentation saine, favoriser les produits naturels au détriment des aliments transformés, avoir une hygiène de vie optimale pour rester en forme et en bonne santé est une philosophie amplement diffusée à laquelle chacun ne peut qu'adhérer.

Nul besoin de vous convaincre des multiples bienfaits d'une assiette de qualité, ni de s'attarder sur les répercussions heureuses que notre corps peut y trouver.

Pourtant, les professionnels de santé, en particulier les médecins, n'ont jamais bénéficié dans leur cursus de formation des connaissances nécessaires pour faire passer les bons messages à leurs patients. Parmi ces professionnels, seuls les diététiciens et les médecins qui avaient suivi un diplôme universitaire de nutrition ont pu, dans leurs consultations, diffuser les informations sur la meilleure façon de remplir son assiette.

Depuis 1990, une nouvelle révolution médicale a progressivement transformé le paysage de la nutrition : il s'agit de la micronutrition.

Cette discipline a bénéficié de la contribution d'acteurs du secteur médical, de la biologie, de la recherche ainsi que de la réflexion du monde industriel, afin de trouver les moyens d'aider les professionnels de la santé à sortir de la « cacophonie » alimentaire à laquelle la population est confrontée depuis plusieurs décennies.

Après plus de 20 années de développement, la micronutrition s'impose aujourd'hui comme une nouvelle approche de la nutrition médicalisée, destinée à apporter des réponses claires, concrètes, pratiques et scientifiquement documentées à chaque individu, reconnu dans sa problématique individuelle.

Plus de 5 000 médecins et diététiciens en France s'y sont initiés et 2 000 la pratiquent quotidiennement, grâce à l'enseignement de l'organisme de formation qu'est l'IEDM. Cette formation (qui bénéficie d'un agrément officiel) est également dispensée aux pharmaciens ; les praticiens de santé en naturopathie viennent compléter leurs connaissances en s'initiant à la micronutrition, alors que les sages-femmes et les kinésithérapeutes s'ouvrent à cette discipline. L'IEDM a collaboré activement à la mise en place d'un diplôme universitaire (DU) « Alimentation-Santé et Micronutrition », délivré par l'université de Bourgogne à Dijon depuis l'année universitaire 2001-2002.

L'état de santé : comment le définir ?

Avant d'aborder les fondements théoriques de la micronutrition qui tissent les liens entre le contenu de l'assiette et l'état de santé, il nous paraît intéressant de mieux préciser cette notion encore floue d'état de santé, afin de dessiner les contours d'une nouvelle façon d'aborder la médecine.

Les spécialistes en micronutrition s'intéressent de très près à la pédagogie auprès des patients, afin de contribuer à une meilleure appropriation des conseils prodigués.

Nous menons en permanence des réflexions au sein de l'IEDM, sur la pédagogie, plus particulièrement avec Denis Riché dans le domaine des APS (Activités physiques et sportives), et avec le Dr Laurence Benedetti dans l'accompagnement des problèmes liés à l'excès de poids.

Ainsi lorsque nous nous sommes interrogés sur la notion de santé, de « médecine de santé », nous avons constaté qu'elle n'était nulle part définie avec précision. Préserver un bon état de santé renvoie souvent à la notion de « capital santé », à maintenir, à faire éventuellement fructifier. Le capital nous est apparu trop statique, et insuffisamment précis pour rendre compte des subtilités du fonctionnement de notre organisme pour conserver son état de santé.

Nous avons préféré évoquer l'image de « maison santé » que nous allons dessiner avec vous.

La « maison santé »

Pendant longtemps, être en bonne santé consistait uniquement à ne pas être malade.

L'Organisation mondiale de la santé (OMS) va plus loin et définit la santé comme un état de plénitude de ses moyens physiques, psychiques et sociaux.

Pour mieux se représenter concrètement cette notion subjective, nous vous proposons de faire le tour du propriétaire de notre « maison santé ».

Tout d'abord, notre « maison santé » doit être construite sur de bonnes fondations, et le gros œuvre doit être conçu avec des murs porteurs solides sans fissure et un toit étanche.

Les fondations et le gros œuvre correspondent aux prédispositions génétiques de chacun, mais aussi à certaines « programmations » épigénétiques (voir p. 27), en particulier celles qui sont intervenues un peu avant et un peu après notre conception.

Ensuite, sur ces bases, pour être fonctionnelle et agréable à vivre, la « maison santé » doit être dotée d'une bonne étanchéité (murs, fenêtres...), d'une tuyauterie et d'un système électrique de qualité, d'un chauffage efficace et économe, d'un système d'isolation performant. Pour être opérationnel, notre organisme est équipé de différents systèmes d'adaptation qui nous permettent de faire face à l'usure quotidienne, ainsi qu'aux agressions plus violentes.

Schématiquement, tout a été conçu sur deux axes :

– un axe vertical, avec au sommet **le 1er cerveau** – qui intègre l'ensemble des données et envoie dans tout l'organisme les ordres pour que chaque organe remplisse sa fonction – et en bas **le 2e cerveau, le cerveau digestif** – qui intègre les informations concernant l'état des stocks et corrige les entrées en fonction des

besoins, tout en adaptant près de 60 % de nos systèmes de défense pour faire face aux agressions ;
– un axe horizontal, qui va s'occuper de l'entretien et de l'activité de toutes les cellules de l'organisme : à gauche tout ce qui contribue à **la protection cellulaire** – en particulier contre les radicaux libres et l'inflammation –, et à droite ce qui facilite **la communication cellulaire** – plus précisément au niveau des membranes cellulaires.
Bien entendu, la « maison santé » nécessite un entretien régulier (ménage, peintures, tapisseries, moquettes, parquets, petites réparations). Mais parfois certains événements particuliers – une tempête, une inondation, une période de sécheresse, une attaque de termites – nécessitent un diagnostic précis et une réparation réalisée par un professionnel.

L'entretien et les réparations : tout dépend des « réserves »

Pour se représenter de manière simplifiée les relations entre l'alimentation et les capacités de régulation de l'organisme, on compare ces capacités à des réserves fonctionnelles ; celles-ci sont alimentées chaque jour par les apports en énergie et en micronutriments nécessaires à tous nos métabolismes, l'équilibre étant obtenu lorsque les dépenses physiologiques quotidiennes en nutriments et micronutriments sont égales aux entrées alimentaires. Lorsque survient une agression, une infection virale, un stress important, un repas trop copieux, une exposition solaire prolongée, une activité physique intense inhabituelle... il va y avoir une amputation des réserves fonctionnelles, qui devra être compensée. Si elle ne l'est pas et si le phénomène se répète, la perte fonctionnelle s'installe et les capacités de régulation s'affaiblissent. Chez le sujet âgé, cette perte entraîne une vulnérabilité générale qui peut évoluer vers l'installation d'un état de fragilité ; cet état prédispose au vieillissement pathologique. L'évaluation des réserves fonctionnelles devient extrêmement pertinente dans une perspective de prévention individualisée.

L'entretien régulier de notre santé passe par une alimentation variée et équilibrée, par une activité physique régulière, par une gestion correcte des stress quotidiens, qui vont permettre de maintenir à niveau nos réserves et de pouvoir mieux nous adapter. C'est le « minimum syndical ».

Par contre, un stress répété et prolongé (infections, allergies, anxiété, déprime, troubles digestifs, douleurs diffuses, fatigue traînante...) va amputer nos réserves, fragiliser la maison et entraîner possiblement la survenue de maladies.

Une véritable expertise sera indispensable afin de déterminer un diagnostic précis, et d'exécuter les réparations nécessaires.

Ainsi, chacune et chacun d'entre nous se situe dans l'un des trois états de santé suivants :
- l'état de santé optimal (réserves au top) ;
- les états intermédiaires (réserves à optimiser pour éviter l'état de maladie) ;
- l'état de maladie (réserves au plus bas).

À qui s'adresse cette expertise santé ?

Cette expertise s'adresse à chaque individu et consiste à :

- proposer une exploration et une optimisation des capacités de réserves chez les personnes en état de santé optimal, à la recherche d'une amélioration des performances, et garantir une longévité réussie ;
- explorer les réserves chez les personnes en état intermédiaire, et proposer les thérapeutiques non médicamenteuses destinées à les restaurer. Le but est de prévenir l'évolution vers la maladie et d'optimiser le mieux-être physique et psychique ;
- explorer les réserves chez les personnes malades, et compléter le traitement par des thérapeutiques non médicamenteuses destinées à restaurer les réserves. Le but est d'accompagner la guérison et d'améliorer le mieux-être physique et psychique.

Une fois éclaircies cette notion des différents états de santé et la façon dont nous pouvons intervenir dans le cadre d'une « médecine de santé », nous allons focaliser notre attention sur ce regard nouveau porté sur l'assiette qui, selon les enseignements d'Hippocrate, fait de nos aliments nos premiers médicaments.

La micronutrition : de quoi parle-t-on ?

Que faut-il savoir et comprendre des nutriments et des micronutriments ?

Lorsque l'on regarde le contenu de notre assiette, on découvre qu'elle est composée de macronutriments et de micronutriments :

– les macronutriments constituent la partie « énergétique » qui comprend les sucres (glucides), les graisses (lipides) et les protéines (grandes chaînes formées d'acides aminés, comme les perles de longs colliers) ;
– les micronutriments constituent la partie « santé » de l'assiette, en participant à tous les métabolismes responsables des grandes fonctions de l'organisme.

Les macronutriments ont un « poids » calorique, chaque gramme de glucides ou de protéines pesant 4 calories, alors que 1 gramme de lipides pèse 9 calories. Notons que l'alcool contribue fortement à l'apport calorique, puisque chaque gramme d'alcool fournit 7 calories à l'organisme.

Quant aux micronutriments, les plus connus sont les vitamines, les minéraux et les oligoéléments. Leur carence provoque des maladies ; lorsqu'ils sont en quantité insuffisante dans l'assiette, on parle de déficits ou de déficiences. Les déficits empêchent l'organisme de fonctionner de manière optimale.

Le terme de micronutrition fait référence à la notion de micronutriments.

Les micronutriments à l'étude

À partir des années 1980, l'attention des chercheurs s'est focalisée sur d'autres familles de micronutriments ; ainsi, en micronutrition, nous avons une vision élargie de la notion de micronutriments.

Les polyphénols, flavonoïdes et caroténoïdes

Ce sont ces milliers de molécules dont la majorité est contenue dans les fruits et les légumes, et qui donnent à ces derniers des couleurs et des saveurs variées. On en trouve également dans les aromates, le thé, le café, le chocolat. Ces précieuses molécules constituent pour nous les « médicaments » naturels du quotidien. Ce sont elles qui nous protègent du vieillissement prématuré, et leur déficit aggrave toutes les maladies en accélérant leur évolution. Cette famille participe notamment à la défense contre les radicaux libres et à la lutte contre l'inflammation : nous disons en micronutrition qu'ils sont missionnés à la « protection cellulaire ».

Les acides gras polyinsaturés (AGPI)

Les AGPI, dont les plus connus sont les oméga-3, font partie des lipides, donc des graisses. Celles-ci ont depuis longtemps une fâcheuse réputation. Le gras, le gros, les graisses sont confondus et synonymes d'obésité, de risque de diabète, de maladie cardiovasculaire. Heureusement, depuis ces dernières années, des nuances ont été apportées, et la notion de « bonnes graisses » est venue contester cet *a priori* injuste. Parmi les graisses, les AGPI ont une place particulière. Nous en consommons relativement peu chaque jour, ce qui veut dire qu'ils jouent un rôle modeste dans les apports énergétiques. Par contre ils participent à l'architecture des membranes de toutes les cellules en renouvellement permanent, leur donnant une souplesse indispensable à leurs fonctions : nous disons en micronutrition que les AGPI sont les agents de la « communication cellulaire ».

Les acides aminés essentiels (AAE)

Ce sont les composants des longues chaînes de protéines. On a l'habitude de comparer la protéine à un long collier dont les perles sont constituées par les acides aminés. Il existe une vingtaine d'acides aminés différents, et parmi ceux-ci, huit d'entre eux sont incapables d'être fabriqués par l'organisme. Ils sont appelés « essentiels », c'est-à-dire indispensables, puisqu'il faut les trouver dans notre assiette pour en bénéficier.

Certains de ces AAE jouent un rôle important en dehors des protéines. Deux d'entre eux retiennent particulièrement notre attention : la tyrosine et le tryptophane.

Ils ont la capacité de pénétrer dans notre cerveau et de servir de précurseurs à nos neurones pour fabriquer ces fameux neurotransmetteurs qui sont un peu les « hormones du cerveau ». La tyrosine se transforme d'abord en dopamine, puis en noradrénaline ; le tryptophane en sérotonine. Ces neurotransmetteurs harmonisent nos comportements, nos pensées, nos émotions. Nous disons en micronutrition que ces acides aminés essentiels soutiennent notre « fonction cerveau ».

Les prébiotiques et probiotiques

En micronutrition, nous nous intéressons depuis le début aux milliards de bactéries qui constituent notre flore intestinale. Celle-ci, que les spécialistes appellent désormais microbiote, joue un rôle majeur pour notre santé. Son équilibre permet d'éviter les troubles digestifs, renforce les défenses pour éviter les infections, les allergies, et depuis peu nous savons qu'il participe au contrôle du poids, et probablement à celui de l'humeur.

Aider à la restauration des propriétés du microbiote, c'est le rôle ces bactéries microbiotiques (ou probiotiques), et celui des fibres prébiotiques qui nourrissent les bactéries. Nous disons en micronutrition que les probiotiques et les prébiotiques renforcent l'« interface digestive ».

Est-ce que notre assiette satisfait nos besoins en micronutriments ?

Pendant longtemps, le dogme nutritionnel a entretenu l'idée que l'alimentation moderne était trop abondante, ou encore qu'en augmentant les calories, les vitamines suivaient...

À partir des années 1980, ce principe a été battu en brèche par des études épidémiologiques qui ont démontré qu'une partie non négligeable de la population pouvait être déficitaire en certaines vitamines et certains minéraux.

Cette idée fut confirmée par les travaux des chercheurs dans le domaine des micronutriments qui, comme Christian Remesy, ont insisté sur la notion de « calories vides ». Sous l'effet de l'industrialisation de l'alimentation, l'assiette avait en effet gagné en calories, mais perdu en richesse micronutritionnelle. C'est pourquoi certains pensent que toute la population devrait être supplémentée. Nous identifions en effet trois causes de déficits que nous allons détailler ensemble.

La 1re cause des déficits dans notre assiette, nous l'avons évoqué, c'est le problème des « calories vides ».

Il existe cependant deux autres causes à ces déficits.

La 2e cause des déficits est dépendante de la capacité d'assimilation digestive des micronutriments, qui est différente en fonction de chaque individu. Cette capacité est en lien direct avec l'équilibre de l'écosystème intestinal, qui est lui-même largement influencé par l'état du microbiote.

Lorsque le microbiote est en « dysbiose », c'est-à-dire en déséquilibre qualitatif et quantitatif, l'assimilation ne sera pas optimale.

Restaurer les propriétés du microbiote contribue ainsi à éviter le risque de déficits.

La 3e cause des déficits est influencée par les dépenses de l'organisme. Celles-ci dépendent de multiples facteurs et nous sommes inégaux sur ce point. Certains d'entre nous sont des « économes » en micronutriments, alors que d'autres vont être « dépensiers » ; cela veut dire qu'avec des apports identiques, l'utilisation ne sera pas la même en fonction des individus. Nos prédispositions génétiques l'expliquent en partie, mais il est probable que les facteurs épigénétiques (voir ci-après) interviennent de manière majoritaire.

L'épigénétique, le maillon manquant entre l'inné et l'acquis

Les mécanismes épigénétiques bouleversent notre vision de la génétique. Jusqu'à présent nous savions que toutes nos cellules étaient dotées dans leur noyau de paires de chromosomes faites de doubles hélices d'ADN, qui sont le support de notre code génétique. Celui-ci abrite 30 000 gènes, identiques pour toutes les cellules ; chaque cellule va « exprimer » certains gènes utiles à sa fonction, et va « réprimer » les gènes qui lui sont inutiles. On comprend bien que la cellule osseuse, la cellule de la peau, la cellule de l'œil, la cellule de l'estomac sont très différentes, ont des métabolismes qui leur sont propres, et sélectionnent une petite partie des 30 000 gènes. Les mécanismes qui permettent « d'allumer » ou « d'éteindre » les gènes s'appellent les mécanismes épigénétiques. Ils sont sous la dépendance de facteurs de l'environnement, en particulier alimentaires, et sont aussi sensibles à l'activité physique et au stress. En quelque sorte, la génétique propose et l'épigénétique dispose. Ceci permet à notre organisme de nous adapter à notre environnement, en nous « programmant » en permanence.
Ces mécanismes sont extrêmement actifs au moment de la conception ; avant la fécondation, le spermatozoïde et l'ovule vont subir de profonds remaniements épigénétiques ; une fois fécondé, l'œuf va également bénéficier d'une sorte de remise à niveau

épigénétique. C'est pour cela que la période péri-conceptionnelle est aujourd'hui considérée comme essentielle pour la santé du futur individu.
En ce qui concerne nos besoins en micronutriments, il est probable que notre organisme s'adapte aux apports alimentaires reçus par la maman pendant sa grossesse par des mécanismes épigénétiques.

En outre, nos dépenses en micronutriments sont soumises aux agressions de l'environnement ; nous dépenserons plus si nous fumons, si nous consommons plus d'alcool que nécessaire, si nous sommes exposés à la pollution, si nous prenons régulièrement des médicaments. Nous aurons également des besoins augmentés si nous sommes malades, et en particulier si cette maladie est chronique et sollicite l'organisme. Les maladies inflammatoires comme la polyarthrite ou la maladie de Crohn (maladie inflammatoire du tube digestif) nécessitent des apports nutritionnels et micronutritionnels augmentés.

Ainsi, nous pouvons affirmer que notre assiette ne va pas satisfaire nos besoins en micronutriments pour trois raisons :
- une insuffisance d'apports ;
- une perturbation de l'interface digestive ;
- une augmentation des dépenses.

Entre l'assiette et notre santé, une histoire de « maillons faibles »

Nous avons vu que notre assiette pouvait ne pas satisfaire nos besoins pour plusieurs raisons. Cela signifie que l'étude de nos habitudes alimentaires est certes indispensable, mais pas suffisante.

Afin de savoir comment pouvaient s'exprimer les déficits en micronutriments en termes de santé, nous avons listé pendant plusieurs années les symptômes fonctionnels observés fréquemment en consultation médicale. Ces symptômes sont peu gênants s'ils sont peu intenses et s'ils cèdent en quelques jours. Par contre ils deviennent handicapants lorsqu'ils sont répétitifs, lorsqu'ils deviennent chroniques, voire permanents.

Nous avons classé ces symptômes de manière logique et nous avons pu dégager de grandes structures que nous avons appelées **les « maillons faibles » de l'organisme** : la fonction cerveau, l'interface digestive, la protection et la communication cellulaires. Ce sont des entités pédagogiques regroupant plusieurs mécanismes physiologiques pour lesquels les liens entre l'alimentation et la santé sont reconnus. Nous les avons évoqués précédemment dans la description de la « maison santé » (voir p. 18) avec l'axe vertical liant le cerveau à l'intestin, et l'axe horizontal unissant la protection cellulaire et la communication cellulaire.

Nous vous en proposons une présentation succincte :
- **la fonction cerveau** regroupe l'ensemble des symptômes en lien avec l'insatisfaction des besoins nutritionnels notamment pour la biosynthèse des neurotransmetteurs (précurseurs des neurotransmetteurs et cofacteurs métaboliques), mais aussi pour

l'architecture des phospholipides des membranes cellulaires du cerveau (neurones et autres cellules fonctionnelles) ;
- **l'interface digestive** regroupe l'ensemble des symptômes en lien avec les perturbations digestives (gastriques, hépato-vésiculaires, pancréatiques, intestinales), les perturbations intestinales immuno-inflammatoires (infections, intolérances alimentaires, allergies, signes à distance[1]...) ;
- **la protection cellulaire** regroupe l'ensemble des symptômes en lien avec les perturbations des mécanismes de défense cellulaire (stress oxydatif, infections, inflammations, détoxication, protéines de stress...) ;
- **la communication cellulaire** regroupe l'ensemble des symptômes en lien avec les perturbations de l'architecture et de la fonction des membranes cellulaires (fluidité membranaire, déformation, canaux ioniques, récepteurs membranaires), pouvant impacter de nombreuses fonctions (cutanées, vasculaires, cérébrales, infectieuses...).

Nous allons à présent étudier successivement chacun de ces maillons faibles, afin de bien comprendre pourquoi l'alimentation est aussi importante pour les soutenir en permanence.

La fonction cerveau : je mange, donc je suis

À chaque instant, que nous soyons éveillés ou endormis, notre cerveau est actif.

Nos actions, nos pensées, notre comportement, nos émotions, nos sentiments ont besoin d'énergie pour être produits, et parmi les carburants les plus précieux dont notre cerveau se délecte, nous utilisons des molécules similaires à des « hormones » que l'on appelle les neuromédiateurs. Dans la famille des neuromédiateurs,

1. Les signes à distance représentent des symptômes autres qu'intestinaux mais associés à des troubles de l'intestin. Exemple : arthralgie, fatigue chronique, dépression, anxiété, migraine, eczéma...

trois d'entre eux se taillent la part du lion : ce sont **la dopamine, la noradrénaline et la sérotonine.**

Avant de regarder ensemble leurs effets, soulignons que ces molécules sont directement issues de notre alimentation. Les protéines, de grandes chaînes de petits acides aminés, en possèdent certains plus précieux que d'autres, que notre organisme ne sait pas fabriquer : on les appelle les acides aminés essentiels ; ils sont au nombre de huit.

Parmi ceux-ci, la tyrosine est capable d'entrer dans le cerveau et de se transformer en dopamine ; cette dernière peut devenir une molécule de noradrénaline. Pour fabriquer de la sérotonine, le cerveau fait appel à un autre acide aminé essentiel, le tryptophane.

Tout ceci nécessite plusieurs micronutriments pour que les synthèses puissent se faire correctement ; le fer et le magnésium sont notamment indispensables.

On peut donc l'affirmer : « Je mange, donc je suis... »

Les effets sur l'action et sur le comportement

Toute action, pour se réaliser, s'élabore en trois temps : le commencement, le déroulement ou amplification, et la fin. Chacune des structures cérébrales responsables de ces trois phases fait intervenir de façon préférentielle un type précis de neuromédiateur.

La dopamine, c'est le starter

Le démarrage de l'action se fait sous la dépendance de la dopamine (DA). Elle permet l'élaboration d'un projet ou d'un objectif, c'est le premier temps de toute action. La libération de la DA enclenche les processus de recherche et d'exploration de la nouveauté. Cette fonction se repère très bien chez le nourrisson et l'enfant dont les taux de production de DA sont particulièrement élevés. Le démarrage, la fluidité ainsi que la coordination des mouvements en dépendent eux aussi. Ainsi, dans une affection touchant la libération de la DA comme la maladie de Parkinson, ces fonctions motrices sont altérées.

La noradrénaline, c'est l'accélérateur

L'amplification de l'action dépend de la noradrénaline (NA). Une fois commencée et mise en route, une action ne peut être menée à son terme que s'il existe un phénomène d'amplification et de pérennisation de celle-ci. Les voies de l'amplification de l'action sont intimement liées aux circuits du « plaisir ». En effet, une action ou un comportement générant du plaisir bénéficiera d'un effet amplificateur permettant de continuer et de mener à terme un projet.

La mise en place des circuits NA de l'activation de l'action et du plaisir se fait très tôt dans le développement et l'apprentissage du nourrisson. Plaisir, faire plaisir, reconnaissance et amplification de l'action sont donc des processus intimement liés et sous la dépendance de la NA. Certains auteurs qualifient ces circuits de voies de la recherche de la récompense. Chez l'animal, l'inhibition ou le blocage des voies NA aboutissent à une perte de la recherche de la récompense et de ce fait, à une perte des capacités d'apprentissage.

La sérotonine, c'est le frein

Toute action entreprise doit pouvoir être arrêtée : c'est le rôle des circuits de l'inhibition de l'action qui mettent un terme au processus moteur, par l'intermédiaire des voies de la sérotonine. De même que les voies NA sont liées aux circuits du plaisir, les voies de la sérotonine sont liées aux circuits de l'évitement, de la punition et de la douleur. Si une action entreprise génère un inconfort, une douleur ou, dans le cadre de l'apprentissage, une crainte de la punition, les voies de la sérotonine vont s'activer pour inhiber cette action et ainsi « éviter la souffrance ».

Les effets sur l'humeur

La dopamine, c'est la motivation pour apprendre

La dopamine (DA) permet la découverte et l'exploration de la nouveauté. Elle est étroitement corrélée aux facultés d'entreprendre, à l'ouverture sur le monde et à la motivation. Une baisse d'activité DA se traduira par une difficulté à l'exploration, par de l'indifférence, un manque d'initiative et un repli sur soi. Elle est très souvent associée à un sentiment de tristesse et d'asthénie psychique.

La noradrénaline, c'est le bien-être par le plaisir

La noradrénaline (NA) permet la recherche de la récompense mais intervient aussi au sein des voies du plaisir. Cette faculté semble se mettre en place aux stades précoces de la relation mère-enfant. Elle permet la relation à l'autre, une évaluation de l'estime de soi, une recherche de la récompense adaptée et la joie de vivre. Une baisse de l'activité NA s'accompagnera d'une perte de la capacité à se faire plaisir, à prendre soin de soi, mais aussi à apprécier la vie quotidienne. La perte des capacités à la relation et au plaisir conduit au retrait social, à l'indifférence affective, à la tristesse et à la douleur morale.

La sérotonine, c'est l'hormone de la sérénité

La sérotonine, quant à elle, gouverne plusieurs aspects de la personnalité sur le plan de l'humeur. On peut schématiquement les résumer en quatre points :

- l'agressivité ;
- la primarité ;
- l'intolérance à la frustration ;
- l'humeur dépressive.

L'agressivité

Les pulsions agressives sont physiologiques. Toutefois, leur contrôle garantit le bon équilibre affectif. La sérotonine permet ce contrôle des pulsions agressives. Une diminution de la fonction sérotonine se manifeste très fréquemment par des troubles de l'humeur allant de la simple irritabilité périodique et passagère aux colères fréquentes, au comportement agressif, voire aux passages à l'acte dangereux pour les autres ou pour soi-même.

La primarité
La prise de recul face aux événements est tributaire du taux de sérotonine. Celle-ci favorise la mise en place de stratégies plus élaborées. Une diminution se manifeste par un comportement impatient.

L'intolérance à la frustration
Le contrôle des pulsions se traduit notamment par la capacité à supporter une frustration. À des degrés divers, la baisse de la sérotonine se traduira par une incapacité à tolérer ce « manque » sur différents plans. En général, les frustrations les plus mal tolérées donneront lieu à des comportements addictifs dans des domaines tels que la sexualité, l'alcool, l'appétence au sucré, les jeux, les sports violents...

L'appétence au sucré est un signe fréquemment retrouvé dans les déficits fonctionnels en sérotonine. Il s'agirait d'un mécanisme régulateur et d'automédication. Le tableau clinique est très spécifique : appétence incontrôlable vers certains aliments dits « sucrés » : sucreries certes, mais aussi sucres cachés, pain blanc, gâteaux, pain et fromages, chocolat, alcool et apéritifs... Cette compulsion se manifeste volontiers entre 17 heures et 22 heures, s'accompagne rapidement d'un sentiment de détente et de mieux-être si elle est satisfaite mais déclenche un comportement agressif en cas de frustration.

L'humeur dépressive
Un taux faible de sérotonine se traduira par une baisse de l'humeur, un état dépressif mais il est toujours accompagné du cortège de troubles type irritabilité et compulsion. Ce sont les anciennes « dépressions hostiles », bien différentes des états dépressifs liés au manque de dopamine.

Les effets sur les pensées

La dopamine, c'est la création
La dopamine (DA) va jouer un rôle majeur dans l'élaboration de la pensée. Elle intervient sur l'attention, la conception d'un projet

ainsi que sa mise en route. C'est aussi la DA qui nous permet d'avoir une activité mentale coordonnée et imaginative, tournée vers le futur et vers les concepts nouveaux.

Une baisse de cette activité DA va se manifester par des troubles de l'attention, des pertes de mémoire, une baisse des capacités créatrices, un manque de cohérence et une difficulté à formaliser sa pensée et à élaborer de nouveaux projets.

La noradrénaline, c'est l'apprentissage dans le plaisir affectif

La noradrénaline (NA) intervient de façon préférentielle dans les processus d'apprentissage et de mémoire, aidée en cela par l'acétylcholine. La mémoire et l'apprentissage sont très liés à l'implication affective. Nous retenons et mémorisons mieux ce qui nous tient à cœur ou ce qui est lié à un événement affectif intense. C'est la NA qui donne cette « coloration » aux processus de l'apprentissage.

Un grand nombre de difficultés scolaires des enfants ou adolescents peut être lié à une baisse de l'activité NA, avec diminution de la motivation.

La sérotonine met de l'ordre dans les pensées

La sérotonine intervient dans l'ensemble des processus de pensée. Un déficit entraîne une baisse des compétences cognitives, le plus souvent liée à des troubles du sommeil caractéristiques, associant ou alternant les difficultés d'endormissement et des réveils vers 3 heures ou 4 heures avec un retour à l'endormissement problématique. Ce réveil nocturne s'accompagne volontiers de ruminations.

L'intestin : un second cerveau incontournable

Pour bien comprendre l'importance des nutriments que nous devons apporter à notre intestin, il faut tout d'abord connaître son organi-

sation. L'intestin possède un écosystème qui est composé de trois éléments essentiels :
- le microbiote (ou flore intestinale) ;
- la muqueuse ;
- le système immunitaire.

Dans la famille écosystème...

... j'appelle le microbiote !

Ce microcosme héberge plus de 100 000 milliards de bactéries « amies », dont environ 1 000 espèces différentes. Un tiers sont communes à tous, alors que deux tiers sont uniques pour chacun d'entre nous.

Mais à quoi sert notre microbiote ?

Notre microbiote sert à :
- digérer dans le côlon les aliments non transformés dans l'intestin grêle ;
- élaborer certaines vitamines (vitamines B, vitamine K) ;
- protéger l'organisme des bactéries indésirables et potentiellement dangereuses. En occupant la place, nos bactéries « amies » empêchent la fixation d'agents pathogènes sur la muqueuse digestive. On parle d'effet barrière ;
- développer des effets positifs sur le système immunitaire et sur toutes les muqueuses. Le microbiote maintient notre immunité en alerte (on parle de bruit de fond immunitaire).

... donnez-moi la muqueuse !

Cette muqueuse de 300 m^2 (oui, vous avez bien lu, notre ventre héberge réellement un intestin dont la surface est équivalente à celle d'un terrain de tennis !) est composée de cellules reliées entre elles par ce que l'on appelle des jonctions serrées. Ces dernières assurent son étanchéité car, pour bien fonctionner, notre muqueuse doit se montrer imperméable vis-à-vis de certains composés indésirables. Cette propriété lui permet de jouer un rôle de barrage contre les débris microbiens et autres molécules qui ne seraient pas les bienvenus au sein de notre organisme. Mais attention, cette surface reste très fine (car composée d'une seule couche de cellules), ce qui signifie qu'elle peut facilement se détériorer sous l'effet d'une agression. Enfin, c'est par le biais de notre muqueuse intestinale que nous assimilons les nutriments et les micronutriments que nous mangeons.

... je veux un système immunitaire !

Bonne pioche ! Voilà notre famille au grand complet...

Car oui, nous possédons aussi un système immunitaire très important niché au sein de l'intestin puisqu'il représente 60 à 70 % des cellules de notre immunité. Ce système assure notre protection ainsi qu'une tolérance vis-à-vis des aliments que nous mangeons et de nos propres bactéries.

Attention, microbiote au bord de la crise de nerfs !

Le microbiote, la muqueuse et le système immunitaire étant intimement liés entre eux, toute perturbation de l'un de ces trois membres va rejaillir sur l'équilibre des deux autres.

Par exemple, si le microbiote se déséquilibre (on parlera alors de dysbiose) suite à un stress, une alimentation déséquilibrée, une infection comme une gastro-entérite, la prise d'antibiotiques ou de certains anti-inflammatoires, il pourra apparaître divers troubles digestifs plus ou moins récurrents : transit accéléré ou bien ralenti, ballonnements, douleurs, inconforts... Cette situation chronique finira par se répercuter sur la muqueuse qui se dégradera à son tour et perdra sa fonctionnalité. Ainsi, à force d'agressions et d'inflammations, les cellules de la muqueuse intestinale (les entérocytes) pourront se disjoindre. La fameuse imperméabilité contre les composés indésirables deviendra alors inopérante.

Cette perte d'étanchéité est d'ailleurs nommée « hyperperméabilité intestinale ».

À ce moment-là, on assiste à un phénomène paradoxal :
– d'une part, les composés indésirables qui ne devraient normalement pas pénétrer la muqueuse réussissent à passer. Une fois dans notre organisme, ils parviendront à se fixer sur des récepteurs qui ne leur sont habituellement pas réservés. Cette situation sera susceptible d'engendrer des troubles à distance de l'intestin, comme par exemple des troubles ostéo-articulaires, des troubles cutanés, des troubles de l'humeur, de la fatigue ou encore des migraines... Sans parler de notre foie qui devra assurer un surplus de détoxication dépassant parfois ses capacités intrinsèques ! La coexistence de tous ces symptômes s'avère actuellement être le premier indicateur pour envisager une hyperperméabilité intestinale. En consultation de micronutrition, les items du questionnaire QMS dédiés à l'interface digestive (voir p. 119) nous permettent de mettre en exergue ce type de problématiques ;
– d'autre part, les nutriments et micronutriments ne seront plus assimilés correctement. Pourront alors s'installer des déficits ou des carences perturbant encore davantage notre immunité et notre santé.
Vous vous demandez comment ce phénomène est possible ? Tout simplement parce que les pores d'assimilation de tous ces micronutriments se retrouvent déformés sous l'effet de la disjonction des entérocytes. Ils sont devenus inaptes à identifier leur porte d'entrée. C'est un peu comme si la clé ne rencontrait plus la bonne serrure.

Ces deux phénomènes expliquent pourquoi, souvent, en cas d'altérations importantes de la muqueuse intestinale, « ce qui ne doit pas passer pénètre et ce qui doit passer n'y parvient plus ».

In fine, vous comprendrez pour quelles raisons l'apparition d'un déséquilibre de notre microbiote associée à une perméabilité intestinale finit tôt ou tard par avoir raison de notre système immunitaire.

Ce dernier, dépassé par ce marasme, n'assurera plus correctement notre protection. Des infections à répétition et même parfois l'apparition d'allergies (alimentaires ou autres) viendront définitivement déséquilibrer la famille écosystème. Sans plus tarder, chargeons-nous de répondre aux besoins respectifs de chacun de ses membres et évitons ainsi qu'une désunion irréversible vienne empoisonner votre tranquillité.

La protection cellulaire : une défense bien organisée

Pour bien comprendre la protection cellulaire, il est important de connaître **les deux systèmes de défense** indispensables à notre organisme :
– le premier système de défense concerne **la défense anti-radicalaire** nous permettant de neutraliser ou de désactiver des molécules préjudiciables à notre santé. Ce système peut être aisément potentialisé par un apport alimentaire satisfaisant et/ou par la prise de compléments nutritionnels, en particulier s'il existe des carences ou des déficits en micronutriments antioxydants ;
– le second système de défense implique des protéines de stress qui se chargent d'éliminer ou de restaurer des substances altérées par diverses agressions oxydatives. Grâce à ce système, nous permettons à notre organisme de récupérer rapidement et de nous « réparer » au mieux. À la différence du premier système de défense, ce dernier pourra être stimulé grâce à la prise d'un complément alimentaire précis que nous décrirons dans le chapitre « Comment je nourris ma protection cellulaire » (voir p. 151).

Les antioxydants ont du pain sur la planche !

Les antioxydants sont des molécules naturelles qui neutralisent des particules extrêmement agressives, que l'on appelle communément les radicaux libres. Ces radicaux libres, qui sont fabriqués à chaque instant par le simple fait de respirer ou de s'alimenter, sont capables d'endommager tous les constituants du vivant. Malheureusement, il arrive que les radicaux libres dépassent les défenses antioxydantes. C'est notamment le cas lorsque l'on prend de l'âge, que l'on vit dans une atmosphère polluée, que l'on fume, que l'on se drogue, que l'on boit trop d'alcool, que l'on avale des pesticides, que l'on consomme souvent des médicaments, que l'on est soumis à un stress ou des inflammations chroniques, que l'on s'expose régulièrement aux UV (artificiels ou naturels), que l'on pratique un sport à haute dose et que parallèlement notre régime alimentaire s'avère trop pauvre en antioxydants.
Lorsque les radicaux libres sont en surnombre par rapport à nos capacités antioxydantes, on parle alors de stress oxydatif. Ce stress est lié à une bonne centaine de maladies chroniques (qu'il en soit la cause et/ou la conséquence), à commencer par le cancer, le diabète, la cataracte, la dégénérescence maculaire, les yeux secs, la maladie d'Alzheimer, le stress psycho-relationnel, les maladies cardiovasculaires (athérosclérose, infarctus, accidents vasculaires cérébraux), les phlébites et troubles circulatoires, les maladies ostéo-articulaires (arthrose, arthrite, ostéoporose), les allergies, les inflammations ou les infections chroniques de tout ordre...

La défense anti-radicalaire

Zoomons plus précisément sur notre premier système de défense. Celui-ci se positionne sur **deux niveaux de protection** :
– le premier fait intervenir des molécules appelées **enzymes,** elles-mêmes chargées de désactiver des composés extrêmement

oxydatifs : les FRO (formes réactives de l'oxygène). Afin que ces fameuses enzymes soient performantes, certains micronutriments seront indispensables. Il s'agit dans ce cas du cuivre, du zinc, du manganèse, du sélénium et du fer. Soulignons que tout déficit ou toute carence en ces minéraux aura une incidence délétère sur la performance de ce système de défense antioxydante ;
– le second niveau concerne les piégeurs directs des radicaux libres qui, de leur côté, se chargent de neutraliser les FRO. Ces piégeurs ne sont autres que certains micronutriments directement apportés par notre alimentation. Ces **antioxydants** retrouvés abondamment dans nos aliments jouent tous un rôle important et complémentaire pour notre protection. Certains s'avèrent incontournables, c'est le cas du sélénium, des caroténoïdes, des polyphénols, des vitamines E et C, du coenzyme Q10.

Les polyphénols sont des molécules que les plantes produisent naturellement pour se défendre contre diverses agressions : insectes, moisissures ou maladies diverses. Ce sont elles qui donnent leur couleur aux végétaux. L'être humain étant incapable de les fabriquer lui-même, seule une consommation de végétaux pourra lui en apporter. Plusieurs milliers de ces substances ont été identifiées dans le monde végétal. Parmi les plus étudiées, la curcumine que l'on trouve dans le curcuma, l'épigallocatéchine gallate (EGCG) dans le thé vert, l'acide ellagique dans les fruits rouges, les indoles dans les choux, le resvératrol dans le vin rouge et le chocolat noir, la quercétine dans les câpres, la livèche et les oignons rouges... Les polyphénols s'avèrent des protecteurs extrêmement puissants, ils interviennent notamment dans la prévention de pathologies comme l'athérosclérose, les maladies cardiovasculaires et les accidents vasculaires cérébraux ainsi que dans la prévention des cancers. Plusieurs études ont démontré qu'ils possédaient des effets positifs sur le diabète de type 2 et qu'ils pourraient jouer un rôle important pour préserver des dégénérescences neurologiques comme les maladies de Parkinson et d'Alzheimer. Quoi qu'il en soit, ils auraient aussi la capacité de protéger nos fonctions cognitives et notre vision (prévention de la cataracte et de la dégénérescence maculaire liée à l'âge, etc.).

D'autres vitamines, les vitamines du groupe B (B1, B2, B3, B6 et B9) participent également à notre défense antioxydante de façon directe ou indirecte.

La communication cellulaire : la fluidité est de rigueur

Pour assurer une bonne communication cellulaire, deux éléments primordiaux seront à considérer :

- **la qualité des membranes de nos cellules** qui doivent rester fluides ;
- **l'équilibre acido-basique** visant à maintenir une balance harmonieuse entre les différents minéraux de notre organisme.

Fluidité des membranes cellulaires

Attention mesdames et messieurs, vous ne le saviez peut-être pas, mais vos cellules ont un incroyable talent : celui de grand manitou de la désarticulation ! En effet, lorsque nos cellules sont en pleine forme, elles parviennent à se contorsionner de façon époustouflante grâce à leur membrane, une mosaïque fluide ultrasophistiquée. Cette fluidité primordiale permet non seulement la déformabilité des cellules mais détermine également leur communication réciproque. Ainsi, des globules rouges de 7 microns de diamètre dont la membrane est souple peuvent se déformer et circuler sans ambages dans des capillaires de 3 microns de diamètre. Cette déformabilité conditionne la perfusion de tous les organes de notre corps (cerveau, intestin, reins, cœur, foie, etc.). Il en sera de même pour les globules blancs qui pourront à leur tour traverser la paroi des capillaires et ainsi assurer certaines fonctions immunitaires. Mais ce n'est pas tout puisqu'une membrane fluide permettra aussi au glucose de pénétrer dans la cellule. Cette fonctionnalité s'avère d'autant plus importante qu'il existe un taux de sucre élevé dans le sang (hyperglycémie, diabète). La libération des neurotransmetteurs s'en trouve également facilitée et par là même toutes les fonctions cérébrales (pour davantage de précisions, voir « Mon cerveau est surmené » p. 71). La liste est loin d'être exhaustive... Et c'est bel et bien la qualité des membranes qui va déterminer l'efficacité et la rapidité des différents processus de communication à la fois hormonal, nerveux, etc. Les récepteurs destinés à accueillir des messagers et situés sur des membranes fluides seront également nettement plus aptes à se déplacer et à réceptionner l'information.

Ainsi, si les membranes de nos cellules deviennent rigides, toutes ces réactions s'en trouveront annihilées. Or, il se trouve que c'est la nature même des acides gras (graisses) que nous consommons qui va déterminer la fluidité de nos membranes.

Mieux connaître les acides gras

Il existe **trois grandes familles de graisses** dans l'alimentation :
- les graisses saturées ;
- les graisses mono-insaturées ou oméga-9 ;
- les graisses polyinsaturées.

Les graisses saturées

Elles sont à consommer avec modération, mais sans exclusion. On les trouve majoritairement dans les graisses animales – beurre, viande, charcuterie, produits laitiers – mais aussi dans le chocolat. Consommées de manière abusive, elles peuvent élever le taux de cholestérol, faire grimper le sucre sanguin, rendre nos membranes trop rigides et favoriser le risque de dépression, de caillot sanguin et même la survenue de certains cancers. Toutefois, il convient de ne pas les supprimer totalement car, en petites quantités, ces graisses sont nécessaires à l'organisme. Par exemple, l'acide myristique, présent dans les produits laitiers, possède des effets biologiques importants. Il faut aussi savoir que si un taux élevé de cholestérol doit être surveillé pour éviter les risques de maladies cardiovasculaires, il est nécessaire de veiller à ne pas le faire chuter de manière excessive. En dessous de 2 g/l, il a été constaté une diminution de la flexibilité des globules rouges. En dessous de 1,4 g/l, il est associé à un risque de cancer élevé. Les graisses saturées doivent idéalement représenter un tiers des graisses que nous consommons.

Les graisses mono-insaturées ou oméga-9

Elles se trouvent dans l'huile d'olive, l'avocat, le chocolat, les oléagineux (noisettes, amandes, pistaches, etc.), l'agneau et le mouton, dans quelques charcuteries et dans le foie gras. Elles ne sont pas essentielles, car le corps sait les fabriquer à partir de certaines graisses saturées, néanmoins elles restent précieuses pour la santé. Les oméga-9 préviennent des maladies cardio-vasculaires et seraient utiles dans le diabète de type 2 ainsi qu'en prévention de certains cancers. Les graisses mono-insaturées peuvent représenter la moitié des graisses totales que nous consommons.

Les graisses polyinsaturées

On les trouve essentiellement dans les huiles végétales. Il existe deux familles qui doivent impérativement être apportées par l'alimentation car notre corps ne sait pas les fabriquer : les oméga-6, représentés par l'acide linoléique, et les oméga-3, représentés par l'acide alpha-linolénique. On trouve des oméga-6 en grande quantité dans les huiles de tournesol, de maïs, de pépins de raisin et les oméga-3 dans les huiles de colza, de lin, de noix, de cameline... Les poissons gras contiennent, quant à eux, des EPA (acide eicosa-pentaénoïque) et DHA (acide docosahexaénoïque) de la famille des oméga-3.

Malheureusement, même si les oméga-3 et oméga-6 sont tous deux des acides gras essentiels, ils sont apportés à l'heure actuelle dans des proportions fortement déséquilibrées. Effectivement, on constate que la consommation des oméga-6 est beaucoup trop importante par rapport à celle des oméga-3.

Or, des oméga-6 en excès donnent naissance à des composés qui favorisent l'inflammation, les allergies et les caillots sanguins, alors que les oméga-3 procurent l'effet inverse en étant anti-inflammatoires et antiagrégants plaquettaires. Ce sont ces derniers qui, apportés dans des proportions équilibrées, favorisent la fluidité de nos membranes et boostent notre communication cellulaire.

Oméga-6 versus oméga-3 : le match

En dépit de leurs effets opposés, les oméga-6 et les oméga-3 restent tous deux nécessaires à la santé. Ce qui compte avant tout c'est l'équilibre entre ces deux familles.

Le rapport oméga-6 sur oméga-3 dans notre alimentation devrait idéalement se situer entre 2 et 4 pour 1. Or, en 40 ans, ce ratio est passé de 5 à 20 ! De nombreuses données (enquêtes alimentaires, composition du tissu adipeux ou du lait maternel) en témoignent.

Comment expliquer cette évolution délétère ? Tout d'abord, les huiles végétales utilisées massivement dans l'industrie agroalimentaire sont des huiles riches en oméga-6 et en graisses hydrogénées (voir le texte sur les graisses trans p. 47).

Ensuite, le maïs et le soja contenant une part importante d'oméga-6 sont devenus les plats uniques d'une grande majorité des animaux de la planète. Ils ne bénéficient plus de l'herbe et des petits insectes naturellement riches en oméga-3 présents dans les prés. En conséquence, la viande, le lait et les œufs provenant de ces animaux ne nous apportent plus d'oméga-3.

Les acides gras de la série oméga-6	Les acides gras de la série oméga-3
Acide linoléique Sources : graines et huiles de soja, carthame, tournesol, pépins de raisin, maïs, sésame, germe de blé, arachide...	**Acide alpha-linolénique** Sources : graines et huile de lin, huile de colza, de noix, cameline et graines de chia.
Acide gamma-linolénique (GLA) Sources : huiles de bourrache, d'onagre, graines de cassis, lait maternel, graines de chia. *Effets :* Les GLA de la série oméga-6 possèdent des effets similaires aux oméga-3 : - ils offrent une protection des artères et du cœur ; - ils ont des effets anti-inflammatoires et stimulent le système immunitaire. On sait notamment que l'huile de bourrache agit sur le système nerveux et qu'elle potentialise la circulation sanguine. Elle agit de surcroît sur les troubles de la peau. L'huile d'onagre a une action de régulation sur le système hormonal et est notamment efficace pour atténuer les troubles prémenstruels.	**Acide eicosapentaénoïque (EPA) et acide docosahexaénoïque (DHA)** Sources : poissons gras (saumon, sardines, maquereaux, hareng...). *Effets :* Les EPA et DHA : - protègent les artères et le cœur ; - ont des effets anti-inflammatoires et anti-allergiques ; - participent également au développement du cerveau et de la rétine ; - favorisent l'intégrité des fonctions cérébrales et permettent la fluidité de nos membranes cellulaires. À ce titre, ils maintiennent fonctionnelle notre communication cellulaire.

D'autres lipides importants à connaître

Les phospholipides

Ils jouent un rôle important dans le maintien de l'intégrité des membranes de toutes les cellules. Ils sont précurseurs d'un neurotransmetteur, l'acétylcholine (ACh), qui contribue aux transmissions entre les neurones. Responsable d'un sommeil réparateur (sommeil paradoxal), il est impliqué dans nos facultés de mémorisation et d'apprentissage. Afin de stimuler sa production, il est important que notre alimentation contienne suffisamment de choline, un phospholipide directement précurseur de l'ACh.

Les meilleures sources de choline

Le jaune d'œuf est de loin l'aliment qui en contient le plus : un œuf (50 g) en contient 125 mg. Viennent ensuite le foie des animaux (autour de 300 mg/100 g), la viande, le poisson et les fruits de mer (de 70 à 100 mg/100 g), les légumineuses et les noix (autour de 40 mg/100 g), puis la lécithine de soja (18 mg/100 g).

Le cholestérol

Qu'il soit d'origine alimentaire ou qu'il vienne du foie, le cholestérol sert à fabriquer des substances indispensables telles que la bile, les hormones sexuelles (progestérone, testostérone, œstradiol) ou les hormones du stress (cortisol). C'est aussi un constituant essentiel des membranes cellulaires.

Les graisses trans

Ce sont des corps gras qui peuvent être :
- produits naturellement par les ruminants, on les retrouve alors dans les produits laitiers ;
- produits par l'industrie agroalimentaire.

Le principal procédé à l'origine des acides gras trans est l'hydrogénation partielle des huiles. Cette technologie permet aux industriels de solidifier les huiles végétales afin de pouvoir plus facilement les utiliser dans la recette des biscuits, des bonbons et autres produits. D'autres procédés industriels comme la désodorisation des huiles ou leur cuisson à haute température sont générateurs d'acides gras trans.

Les graisses trans d'origine industrielle favorisent l'obésité, les maladies cardiovasculaires, le diabète et les inflammations chroniques. Il est primordial de baisser la consommation d'aliments fabriqués avec des « huiles végétales hydrogénées ». Pour cela, lisez bien les étiquettes avant d'acheter un produit. Nous vous conseillons également de n'acheter que des huiles végétales biologiques obtenues par première pression à froid.

Pourquoi équilibrer ses acides gras ?

- Pour freiner les processus inflammatoires ;
- pour se protéger des maladies cardiovasculaires et des risques de mort subite ;

– pour réduire le risque de cancer et avoir une bonne immunité ;
– pour « nourrir » son cerveau ;
– pour assurer le développement psychomoteur ainsi que la croissance de son bébé ;
– pour être en bonne santé et favoriser la fertilité ;
– pour lutter contre le syndrome prémenstruel et équilibrer le système hormonal féminin ;
– pour avoir une jolie peau élastique et « hydratée » ;
– pour ne pas déprimer ;
– pour favoriser une bonne vision ;
– pour lutter contre l'insulino-résistance (diabète) ;
– pour protéger ses os ;
– pour lutter contre les inflammations.

L'équilibre acido-basique

Pour être en bonne santé, favorisons les coups de foudre cellulaires ! En vérité, il ne s'agit pas tout à fait de phénomènes amoureux dont nous allons parler (désolés pour les grands romantiques), mais plutôt d'une histoire d'électricité.

En effet, il est important de savoir que l'apparition de nombreuses maladies provient, en partie, d'un **déséquilibre électrique cellulaire.** Car oui, toute cellule vivante est bel et bien chargée électriquement. Ainsi, pour bien fonctionner, l'intérieur de la cellule doit être chargé négativement par rapport au liquide extérieur à la cellule. Comme c'est le cas pour la fluidité de la membrane cellulaire, l'équilibre électrique (ionique) de la cellule va assurer une bonne communication hormonale et nerveuse... Or, cet équilibre est intimement lié à l'équilibre acido-basique, lui-même dépendant de notre consommation en minéraux (magnésium, calcium, potassium, sodium, etc.). Pour fonctionner correctement, notre organisme doit se situer dans une zone de pH équilibré, ni trop bas, ni trop élevé, c'est-à-dire ni trop acide, ni trop basique (ou alcalin).

Les scientifiques soupçonnent qu'un état d'acidité (ou d'acidose) chronique de l'organisme pourrait contribuer à l'apparition de maladies « modernes » telles que l'ostéoporose, la fonte musculaire, les calculs rénaux, l'hypertension artérielle, le diabète, l'athérosclérose, les déséquilibres immunitaires et même certains cancers...

On connaît déjà depuis longtemps l'un des résultats d'une acidification de l'organisme : afin de rétablir l'équilibre acide-base, le corps mobilise des éléments alcalinisants présents dans l'os (citrate et bicarbonate). Étant donné que ces minéraux sont liés à du calcium, ce dernier est éliminé dans les urines et fera défaut. Il s'ensuit inévitablement une déminéralisation.

Vous reprendrez bien une lichette de mammouth !

L'évolution de l'agriculture et le développement de l'industrie agroalimentaire ont complètement bouleversé nos habitudes alimentaires. Jusqu'à la fin du paléolithique, l'alimentation humaine était remarquablement alcaline. Riche en fruits, légumes, tubercules, racines, elle regorgeait de sels de potassium qui neutralisaient les acides issus du métabolisme alimentaire. Or, cet environnement alcalin est celui pour lequel nous sommes génétiquement programmés. Malheureusement, depuis 10 000 ans et plus encore depuis un à deux siècles, c'est plutôt dans une acidose chronique que nos malheureuses petites cellules s'ébrouent. L'explication tient au fait que notre consommation de céréales, de viandes, de laitages, de préparations industrielles et de sel, c'est-à-dire d'aliments acidifiants, a terriblement augmenté alors qu'*a contrario* celle des fruits et légumes alcalinisants a nettement diminué.

L'indice PRAL pour mesurer la nature des aliments

L'indice PRAL *(Potential Renal Acid Load)* a été mis au point en 1995 par le Dr Thomas Remer, spécialiste de l'équilibre acide-base à Dortmund (Allemagne). Cet indice, qui se mesure en milliéquivalent (mEq), évalue l'acidité de l'urine grâce à la quantité de protéines, de minéraux acides et basiques consécutive à la consommation de tel ou tel aliment. Selon le résultat obtenu, il est alors possible de déterminer la nature acido-basique des aliments.

Du côté des minéraux « acidifiants », on trouve le chlore, le soufre et le phosphore. Ceux « basifiants ou alcalinisants » sont représentés par le magnésium, le calcium, le sodium et le potassium. Ainsi, lorsqu'un aliment renferme des protéines associées à davantage de minéraux acidifiants que de minéraux basifiants, l'indice PRAL sera supérieur à zéro : l'aliment sera acidifiant. *A contrario*, si l'aliment renferme des protéines associées à un plus grand nombre de minéraux basifiants, l'indice PRAL sera inférieur à zéro (c'est-à-dire négatif) : l'aliment sera basifiant ou alcalinisant. Enfin, si l'aliment contient autant de minéraux acidifiants que de minéraux alcalinisants, l'aliment sera égal à zéro ou de nature neutre.

Groupe alimentaire acidifiant	**PRAL (mEq/100 g)**
Viandes et produits dérivés	9,5
Fromages riches en protéines (à pâte dure)	23,6
Fromages pauvres en protéines (à pâte molle)	8
Poissons	7,9
Produits céréaliers	3,5-7
Groupe alimentaire neutre	**PRAL (mEq/100 g)**
Lait	1
Matières grasses et huiles	0
Groupe alimentaire alcalinisant	**PRAL (mEq/100 g)**
Légumes	- 2,8
Fruits et jus de fruits	- 3,1
Abricots secs	- 21,7
Raisins secs	- 14,3

Remarque : La charge acide d'un aliment n'a rien à voir avec son goût. Ainsi, les citrons ou les tomates, malgré leur saveur acidulée, présentent des effets alcalinisants comme c'est le cas pour tous les fruits et les légumes.

Dans l'assiette, ayez le réflexe d'associer les aliments acidifiants à des aliments alcalinisants. Idéalement, il faudrait compenser la consommation d'une portion d'aliment acidifiant par deux portions d'aliments basifiants[1].

Avis de recherche

Le site LaNutrition.fr est l'un des seuls sites à calculer l'indice PRAL de plus de 1 000 aliments. Cet outil peut ainsi vous aider à choisir de manière plus précise ceux dont les indices sont les plus favorables.

Les aliments les plus acidifiants sont généralement :
- les fromages, avec un record pour le parmesan dont l'indice PRAL est de 34 ;
- les viandes et charcuteries, avec un record pour le lapin ;
- les poissons, crustacés et fruits de mer ;
- les céréales.

À l'inverse, les aliments basifiants se recrutent parmi les fruits et légumes, les thés et tisanes, avec la palme pour :
- côté légumes : les épinards, le persil et le céleri ;
- côté fruits : les fruits secs (abricots, raisins...).

Seule déconvenue, il a été impossible de débusquer l'indice PRAL du mammouth !

---

1. Selon Anthony Sebastian, chercheur à l'université de Californie et spécialiste de l'équilibre acide-base.

Comment identifier nos déficits en micronutriments ?

Peut-être vous posez-vous la question : risquez-vous de présenter une perturbation de santé en relation avec le contenu de votre assiette ? Pour vous répondre et vous proposer un accompagnement adapté, les micronutritionnistes ont élaboré un panel de tests et outils que nous vous proposons de découvrir ensemble.

Nous allons vous présenter leur démarche, ainsi que les différents moyens dont ils disposent et qui leur permettent d'identifier avec précision vos déficits en micronutriments...

Les groupes à risque

En premier lieu, il est intéressant de savoir si vous appartenez à ce que l'on appelle un « groupe à risque de déficit micronutritionnel ». Ce premier test n'a pas de valeur absolue : il permet uniquement de déceler de possibles carences ou de probables déficits.

À vos crayons !

Faites-vous partie d'un groupe considéré à risque de déficit(s) ?

Cochez les cases pour chaque réponse positive.

Je suis une femme. ☐

Je suis enceinte. ☐

J'ai moins de 18 ans. ☐

J'ai plus de 55 ans. ☐

Je fais du sport plus d'une heure par jour. ☐

Je prends un traitement avec des médicaments. ☐

Je prends la pilule comme moyen contraceptif. ☐

Je porte un stérilet. ☐

Je fais régulièrement des régimes. ☐

Je consomme régulièrement de l'alcool. ☐

(2 verres de vin/jour pour une femme)

(4 verres de vin/jour pour un homme)

Je suis fumeur(se). ☐

Je suis végétarien(ne) ou végétalien(ne). ☐

Nombre total de cases cochées = ...

Interprétation des résultats

Moins de 3 cases cochées : vous présentez un risque faible de déficit micronutritionnel.

De 3 à 6 cases cochées : vous présentez un risque moyen de déficit micronutritionnel.

Plus de 6 cases cochées : vous présentez un risque important de déficit micronutritionnel.

Si vous avez un score supérieur à 3, il est fort probable que vous ayez besoin d'une correction nutritionnelle associée ou non à une complémentation micronutritionnelle.

Les questionnaires fonctionnels : explorer ses maillons faibles

Après ce premier questionnaire très général, nous passons à un dépistage beaucoup plus personnalisé. En micronutrition, nous disons qu'avec les questionnaires fonctionnels c'est l'inspecteur Columbo qui enquête !

Les questionnaires fonctionnels sont destinés à mesurer l'impact des habitudes alimentaires (plus ou moins satisfaisantes) sur l'organisme.

L'idée de concevoir des questionnaires fonctionnels est venue d'**observations en pratique clinique.**

Pour l'illustrer, nous vous proposons deux exemples précis.

Premier exemple
Lorsque nous avions recours à une complémentation probiotique, en général pour soulager des patients présentant des troubles fonctionnels intestinaux, nous étions étonnés d'entendre nos patients nous dire qu'ils se sentaient globalement mieux. En y regardant de plus près, certains décrivaient une amélioration de douleurs ostéo-articulaires, d'autres de problèmes cutanés (eczéma...), parfois des états migraineux, moins de fatigue, moins d'infections hivernales.

Nous agissions au niveau digestif, mais également ailleurs. La notion d'hyperperméabilité intestinale nous était connue grâce aux travaux du Dr Seignalet au début des années 1990.

En colligeant les observations, nous nous sommes aperçus que si nous avions des patients qui présentaient des troubles intestinaux isolés sans autre souci de santé, une autre catégorie de patients associaient à leur problème digestif soit des infections à répétition, soit des douleurs ostéo-articulaires, soit des problèmes cutanés. Enfin, certains cumulaient les problèmes digestifs, infectieux, cutanés, les douleurs, les migraines ; ces derniers se sentaient souvent abandonnés par la médecine.

Curieusement, la seule complémentation probiotique, si elle ne guérissait pas définitivement ces patients, permettait des améliorations intéressantes.

Second exemple
L'usage en complémentation d'huiles riches en oméga-3 (huile de poisson) ou en oméga-6 (bourrache, onagre) débouchait également sur de curieuses observations. L'utilisation d'huile d'onagre dans le syndrome prémenstruel (usage traditionnel renforcé par quelques études de faible valeur scientifique) donnait des résultats lorsqu'on utilisait des doses relativement importantes ; au-delà de ces symptômes, les patients observaient régulièrement une amélioration de la peau (en particulier de la sécheresse), se sentaient moins stressés, avec également moins de problèmes au niveau de la microcirculation.

Toutes ces observations nous ont amenés à proposer une porte d'entrée des déficits micronutritionnels grâce à des questionnaires regroupant l'ensemble des troubles observés dans les consultations. Ces différents questionnaires ont été conçus à partir de 1995, et chronologiquement, les premiers (DDM, DNS, QVD et QA) ont été proposés sous une forme papier à remplir à la main par le patient (questionnaires de première génération) puis, à partir de 2000, les seconds (QMS, QAF et QFP) sous une forme informatisée avec un lien d'accès direct sur Internet (questionnaires de seconde génération).

Les questionnaires de première génération

Le questionnaire DDM, Dépistage de déficit micronutritionnel

Il est organisé autour de sept rubriques :
- fatigue et troubles de l'humeur ;
- troubles digestifs ;
- troubles ostéo-articulaires et dégénératifs ;

- troubles infectieux ;
- troubles cutanés ;
- troubles circulatoires ;
- habitus et mode de vie.

Nous obtenons un score global DDM, et un score par rubrique.

À l'usage, ce questionnaire a notamment permis de :
- sensibiliser le patient à l'impact de l'alimentation sur l'ensemble de l'organisme ;
- associer la plainte à d'autres troubles fonctionnels, banalisés ou oubliés ;
- « scorer » la situation le 1er jour, et comparer ce score après le suivi des conseils.

Nous disposions avec le DDM d'un premier outil de consultation que nous pouvions utiliser avec tous les patients, quel que soit leur motif de consultation, et en particulier ceux qui n'étaient pas particulièrement en demande de conseils sur leur alimentation.

Le questionnaire DNS, Dopamine Noradrénaline Sérotonine

Son objectif a été de mieux explorer la rubrique « Fatigue et troubles de l'humeur » du DDM.

Nous disposions à partir de 1996 d'outils biologiques développés par André Burckel, concepteur de la biologie clinique à la fois nutritionnelle et fonctionnelle. Certains de ces outils commençaient à être utilisés en micronutrition, notamment le bilan nutritionnel et anti-radicalaire, le statut des acides gras plasmatiques et le profil urinaire des neurotransmetteurs.

Ce dernier profil mettait en évidence **les dysfonctions des trois axes des neurotransmetteurs** : dopamine, noradrénaline et sérotonine. Dans la bibliographie des enseignements dispensés par André Burckel, chaque perturbation d'un neurotransmetteur était rattachée à des troubles fonctionnels spécifiques. Nous avons sélectionné dix items pour chaque neuromédiateur afin d'élaborer le questionnaire DNS.

Ce questionnaire a notamment permis de :
- sensibiliser le patient à l'impact de l'alimentation sur le fonctionnement du cerveau ;
- faire le lien entre les troubles de l'humeur et du comportement et les dysfonctions des neurotransmetteurs ;
- guider le conseil en diététique et micronutrition : alimentation à vocation dopamine et noradrénaline, alimentation à vocation sérotonine ; complémentation à base de précurseur de dopamine (tyrosine) ou à base de précurseur de sérotonine (tryptophane) ;
- « scorer » la situation le 1er jour, et comparer ce score après le suivi des conseils ;
- aider le patient à percevoir son mal-être, ses émotions, son stress de manière moins « psychologisante ».

Le QVD, questionnaire de vulnérabilité digestive

Son objectif a été de préciser une des rubriques les plus importantes du DDM, celle des troubles digestifs. Nous avions effectivement observé que les patients présentant des troubles digestifs n'évoluaient pas tous de la même manière.

La durée d'évolution dépendait à l'évidence de la complexité du trouble ; la perturbation pouvait être ponctuelle et isolée, plus chronique et éventuellement associée à des symptômes en faveur de la présence d'une perméabilité intestinale, parfois complexe et intriquée avec un problème de tolérance alimentaire, voire de maladie auto-immune.

Le QVD a permis de :
- évaluer dès le départ le niveau de perturbation digestive ;
- suspecter un problème d'intolérance alimentaire ;
- suspecter une augmentation de perméabilité intestinale.

Le questionnaire alimentaire sur une journée (QA)

Parallèlement à ces trois questionnaires fonctionnels, il était important de pouvoir proposer une évaluation des habitudes alimentaires qui soit recevable et compatible avec un patient dont le motif de consultation n'était pas une demande de conseil dans ce domaine. Pour répondre à ce besoin, nous avons opté pour un questionnaire pédagogique simple et rapide à remplir, étudiant les habitudes alimentaires... sans jugement de valeur !

Le QA explore :
- le nombre de portions alimentaires consommées aux quatre principaux repas de la journée, ainsi qu'en dehors des repas. Ces portions sont réparties en cinq grands groupes, avec la consommation de boissons sucrées et de sucreries ;
- la nature, la quantité et la qualité des huiles d'assaisonnement ;
- la fréquence de consommation des principaux aliments sur une semaine.

Les cinq groupes d'aliments étudiés

- groupe 1 : eau ;
- groupe 2 : protéines d'origine animale ;
- groupe 3 : produits laitiers ;
- groupe 4 : produits céréaliers ;
- groupe 5 : fruits et légumes.

Les huiles d'assaisonnement sont également prises en compte. Un groupe dit « annexe » ne fait pas partie de la pyramide quotidienne et regroupe les viennoiseries et boissons sucrées.

L'objectif est principalement d'évaluer l'équilibre et la diversité alimentaire, et non de connaître avec précision le contenu exact de l'assiette.

La deuxième étape consiste à construire la « pyramide alimentaire » de son patient en la comparant au modèle de référence qui fait consensus en France (PNNS).

On peut ainsi repérer les consommations excessives ou insuffisantes de certains groupes d'aliments, et commencer à hiérarchiser les différents ajustements à opérer.

Les questionnaires de seconde génération

Le Questionnaire de médecine de santé (QMS)
À l'usage, les trois questionnaires fonctionnels (DDM, DNS, QVD) nous ont confrontés à une difficulté d'interprétation lorsque les patients présentaient de multiples perturbations. L'amélioration de la grille de lecture des questionnaires fonctionnels a nécessité l'élaboration du concept des « maillons faibles », afin de classifier les différentes informations, de les hiérarchiser, pour aider le praticien à poser un certain nombre d'hypothèses, et soit de les confirmer par des explorations biologiques, soit de proposer un premier protocole nutri-micronutritionnel dont l'efficacité pouvait confirmer la pertinence des hypothèses (voir la notion de maillons faibles p. 29.)

Afin de faciliter l'interprétation des questionnaires fonctionnels en première intention, une nouvelle classification des items a été développée, qui reprend les quatre rubriques des maillons faibles (protection et communication cellulaires, interface digestive et fonction cerveau), et qui ajoute une cinquième rubrique particulièrement impliquée dans la satisfaction des besoins nutri-micronutritionnels (la fonction cardio-métabolique).

Cette nouvelle classification a donné lieu à un nouveau questionnaire : le Questionnaire de médecine de santé (ou QMS) qui est désormais disponible sur Internet : www.qms-iedm.fr

Les questions du QMS sont organisées comme suit :
– les perturbations en lien avec la protection cellulaire (problèmes ostéo-articulaires, infectieux et allergies) ;
– les perturbations en lien avec la communication cellulaire (acides gras essentiels et équilibre acido-basique) ;
– les perturbations en lien avec l'interface digestive (digestif haut, digestif bas, tolérance alimentaire et infectieux digestif) ;
– les perturbations en lien avec la fonction cerveau (perturbations des catécholamines dopamine et noradrénaline, perturbations

de la sérotonine, suspicion de déficit en fer et problèmes de magnésium) ;
- enfin l'étude du cardio-métabolique (antécédents familiaux, antécédents personnels et facteurs de risque).
La page de résultats affiche le diagramme du score général des cinq rubriques, chacune cotée sur 40.

Le diagramme nous permet de faire un diagnostic de première synthèse sur la perturbation du ou des maillons faibles, selon le score obtenu pour chaque rubrique :
- faible : de 0 à 9 points ;
- moyenne : de 10 à 19 points ;
- forte : de 20 à 29 points ;
- très forte : de 30 à 40 points.
Vous retrouverez ces cinq questionnaires au fil du livre, en ouverture de chaque chapitre.

Le Questionnaire alimentaire fonctionnel (QAF)
Une fois le QMS expérimenté et adopté par les praticiens, nous avons opté pour un questionnaire alimentaire informatisé, basé sur les habitudes favorables, moins favorables, défavorables à la satisfaction des cinq rubriques représentant les fonctions d'adaptation nutritionnellement dépendantes du QMS.

Le premier résultat global est rendu sous forme de smileys : vert pour une habitude favorable, orange pour une habitude moins favorable, rouge pour une habitude défavorable.

Ainsi en observant les smileys rouges avec son patient, le médecin peut, d'un seul coup d'œil, connaître les habitudes sur lesquelles il sera intéressant de travailler en première intention.

Le score par rubrique est calculé de manière positive : plus les smileys sont verts plus le score augmente.

La comparaison des résultats du QMS et du QAF se révèle très pédagogique pour le patient. On va d'abord explorer les rubriques les plus perturbées sur le QMS, puisqu'elles regroupent les symptômes dont il se plaint le plus. C'est là que ses motivations sont le plus évidentes. Puis on regarde avec lui quelles sont les habitudes alimentaires les moins favorables dans les rubriques en question.

Ainsi, l'objectif des premiers conseils alimentaires sera clair pour lui : contribuer à le soulager de ses plaintes.

Le Questionnaire fonctionnel du poids (QFP)
Un troisième questionnaire fonctionnel de seconde génération a été mis en ligne en 2013 : il s'adresse aux personnes en difficulté avec le poids, et a pour objectif de dépister le profil de vulnérabilité nutritionnelle et fonctionnelle du patient.

Les quatre profils recherchés sont :
- neuromédiateurs ;
- cardio-métabolique ;
- déficits ;
- digestif.

Afin que vous puissiez vous tester, nous vous en proposons une version simplifiée autour de trois situations par profil en fin d'ouvrage (voir p. 263).

L'exploration biologique

Devant la plainte d'un patient, la démarche médicale classique consiste à :
- faire un diagnostic différentiel, pour éliminer une pathologie organique ;
- puis faire un diagnostic positif, afin de proposer la thérapeutique la mieux adaptée.

Pour faire ces deux diagnostics, le médecin pose des questions, a recours à l'examen clinique et aux explorations paracliniques.

Parmi ces dernières, le médecin prescrit des examens biologiques au niveau sanguin, au niveau des urines, des selles, enfin au niveau des muqueuses par des prélèvements (gorge, vagin...).

L'objectif de la biologie est de faire un diagnostic ou d'éliminer un diagnostic de maladie.

Vers une médecine préventive individualisée

Depuis 1985, une approche différente de la biologie s'est développée sous l'impulsion d'André Burckel, dans le cadre d'une médecine préventive individualisée. Cette biologie dite de « deuxième intention » avait pour objectif de mettre en évidence des perturbations de marqueurs biologiques chez les patients dont l'exploration classique était normale, bien que leur état de santé soit perturbé. Les premières explorations se sont orientées sur l'état immunitaire du patient, en analysant une série de protéines et différentes populations de cellules immunitaires.

À partir de 1990, de nouveaux marqueurs ont été proposés, certains pour évaluer les déficits nutritionnels, d'autres pour explorer les systèmes de régulation (en particulier les marqueurs enzymatiques). Parmi ces nouveaux marqueurs, on peut distinguer certains marqueurs isolés, dont l'objectif est d'affiner la biologie classique. On peut citer la CRP ultra-sensible, qui permet de mettre en évidence une inflammation de bas grade, ou encore l'insulinémie à jeun, qui permet – avec la glycémie à jeun – de révéler un état d'insulino-résistance.

En micronutrition, nous nous intéressons également aux marqueurs des déficits les plus fréquents, notamment la ferritine (protéine de réserve du fer), la vitamine D, la iodurie pour estimer le statut en iode ; un autre indicateur simple et efficace pour connaître la qualité des habitudes alimentaires est le rapport urinaire entre le sodium et le potassium.

La biologie préventive individualisée propose l'exploration complète de différentes fonctions, sous la forme d'une série de marqueurs dont l'association permet d'avoir une vision globale de la fonction explorée. Cette biologie est présentée sous la forme de profils, parmi lesquels nous pouvons citer le profil immuno-inflammatoire digestif, le profil cardio-métabolique... Ces derniers bilans ne sont accessibles qu'à des laboratoires spécialisés.

L'ACC, Analyse de la composition corporelle, un « indice de poids »

Notre santé est fortement influencée par notre poids. Toutes les études le démontrent : les individus en surpoids, principalement les obèses, présentent des risques beaucoup plus importants que les personnes minces. Ces risques portent notamment sur les maladies cardiovasculaires et sur le diabète que l'on appelait le diabète « gras ». Mais pour autant, est-ce que toutes les personnes présentant un excès de poids ont un risque identique ? Est-ce que toutes les personnes minces sont exemptes de risques ?

Les choses ne sont pas si simples.

Notre corpulence est évaluée par un indice appelé « indice de masse corporelle » (IMC, qui se calcule par le rapport du poids sur la taille au carré). Pourtant, cet indice, en dehors des extrêmes, est insuffisamment précis pour dire s'il induit un bon ou moins bon état de santé.

Le poids est en effet la somme de la masse « maigre » (muscles, os, viscères), de la masse grasse et de l'eau. Il est donc important de connaître la composition corporelle de notre corps pour pouvoir se prononcer. Des études réalisées à partir de la mesure de la composition corporelle montrent que les risques sont liés à l'importance de la masse grasse, en particulier lorsque celle-ci siège au niveau abdominal. Les personnes qui présentent un surpoids avec une masse maigre augmentée (c'est le cas des sportifs), n'ont pas de risque augmenté, voire moins de risques que certains sujets de poids normal présentant une masse maigre faible.

Affiner le diagnostic

Pour éviter de rester dans l'imprécision, il est extrêmement utile de pratiquer une mesure de la composition corporelle à l'aide d'un appareil permettant de bien connaître la répartition de l'eau à l'intérieur et à l'extérieur des cellules.

Pour cela, nous utilisons un ACC, ou Analyseur de composition corporelle, qui mesure par une technique d'impédancemétrie multi-fréquences les différents tissus de notre organisme. Cet appareil est tout à fait différent des pèse-personnes bon marché que l'on trouve dans le commerce, qui donnent des informations très imprécises.

L'ACC est indispensable afin d'assurer le suivi sérieux des personnes traitées pour une perte de poids. En effet, si un régime vous fait perdre 5 kilos dont la moitié en masse maigre, ce n'est pas un bon résultat, c'est parfois même une aggravation de l'état de santé. Dans le cadre de la longévité réussie, le maintien de la masse musculaire et de la masse osseuse est une des clés importantes du succès.

La perte excessive de masse musculaire est appelée sarcopénie ; elle prédispose après 65 ans à un état de fragilité. Fragilité qui, une fois installée, est le signe d'un vieillissement qui évolue défavorablement. Des mesures nutritionnelles et micronutritionnelles sont urgentes à prendre.

Au-delà des informations concernant le rapport entre la masse maigre et la masse grasse, l'ACC nous renseigne à **trois niveaux :**
– la mesure de la masse osseuse est le reflet de la masse minérale et de la masse protéique osseuse. Lorsque la mesure est faible, cela

nous invite à explorer une éventuelle ostéoporose en proposant une ostéodensitométrie ;
– l'appareil mesure également le volume hydrique en différenciant les compartiments « intra-cellulaires » et « extra-cellulaires » ; ces indicateurs permettent notamment d'observer les déséquilibres entre le sodium et le potassium qui influent sur les échanges cellulaires ;
– la troisième mesure intéressante s'appelle « l'angle de phase » ; peu de travaux scientifiques ont été réalisés sur ce marqueur reflétant théoriquement la « vitalité cellulaire ». Ce que nous observons, c'est que cet angle de phase diminue avec l'âge et avec l'altération de la santé. L'angle de phase nous permet de suivre la qualité des préconisations nutri-micronutritionnelles tout au long des consultations.

La diététique et la micronutrition des maillons faibles

Introduction

Dans la première partie, nous avons exploré les fondements de la micronutrition.

Nous avons compris que nous ne garnissions pas toujours notre assiette de manière suffisamment variée et équilibrée et qu'en outre nos systèmes d'assimilation ne fonctionnaient pas nécessairement de manière optimum ; enfin, nous avons pu constater que nous étions parfois soumis à des besoins particuliers que notre assiette n'arrivait pas à combler.

Ce hiatus entre nos apports alimentaires et les besoins de notre organisme est particulièrement perceptible au niveau de certains systèmes d'adaptation fragiles que nous avons appelés les « maillons faibles ». Nous avons ainsi insisté sur l'importance du dépistage des déficits et des dysfonctions les touchant, grâce à différents outils que nous avons exposés (voir p. 55).

Nous allons à présent nous intéresser spécifiquement et successivement à ces maillons faibles, mais aussi à la fonction cardio-métabolique souvent impliquée dans les perturbations liées au cerveau, à l'interface digestive ou encore à la protection et à la communication cellulaire.

Nous allons regarder ensemble comment les nourrir en leur apportant les aliments dont ils sont friands ; nous verrons également comment les complémenter sur mesure, en fonction de vos déficits.

Concernant la complémentation micronutritionnelle, nous vous rappelons que seule une consultation de micronutrition permettra de déterminer avec précision quel complément vous devez prendre, en quelle quantité et sur combien de temps.

Mon cerveau est surmené

Vade retro... tête de linotte, trous de mémoire, cerveau lent, déprime, mot pour un autre, surmenage, coup de mou ou autre Spiderman au plafond !

Pour éviter que nos méninges ne perdent leur latin, il suffit souvent de suivre quelques préceptes hygiéno-diététiques de bon aloi.

Évaluez votre fonction cerveau

Pour les réponses en 0-1-2 : si la réponse est jamais, entourez le 0 ; si la réponse est parfois, entourez le 1 ; si la réponse est souvent, entourez le 2. Pour les réponses en 0-2 : 0 = non et 2 = oui.

QMS / Fonction cerveau

1. Je me sens fatigué(e) le matin.	0 - 1 - 2
2. J'ai des difficultés à me motiver.	0 - 1 - 2
3. J'ai des difficultés de concentration, de mémoire.	0 - 1 - 2
4. Mon sommeil est agité, non reposant, insatisfaisant.	0 - 1 - 2
5. Je présente un syndrome des jambes sans repos.	0 - 1 - 2
6. Je me sens déprimé(e) ou je n'ai envie de rien.	0 - 1 - 2
7. Je ressens moins de désir, moins de plaisir.	0 - 1 - 2
8. Je me sens irritable, parfois agressif(ve).	0 - 1 - 2

9. Je me sens impatient(e), intolérant(e) à la frustration.	0 - 1 - 2
10. Je me sens facilement stressé(e).	0 - 1 - 2
11. Je suis attiré(e) par le sucré ou le chocolat en fin d'après-midi.	0 - 1 - 2
12. Je me sens dépendant(e) d'activité répétitive (tabac, alcool, grignotage, sport intensif, achats compulsifs).	0 - 1 - 2
13. J'ai des fringales, des compulsions.	0 - 1 - 2
14. J'ai des difficultés pour m'endormir.	0 - 1 - 2
15. J'ai tendance à me réveiller la nuit et ruminer.	0 - 1 - 2
16. Je ressens une fatigue au niveau physique et psychique.	0 - 1 - 2
17. Je suis plus pâle que d'habitude, et/ou je perds mes cheveux.	0 - 1 - 2
18. J'ai les paupières qui sautent, j'ai des crampes, des fourmillements dans les doigts, des contractures de la mâchoire.	0 - 1 - 2
19. Je fais de la spasmophilie ou de la tétanie.	0 - 2
20. Je prends un traitement pour l'anxiété ou pour le sommeil ou pour la dépression.	0 - 2

SCORE TOTAL Fonction cerveau ....../40

Cotation :
0 : 0 point
1 : 1 point
2 : 2 points

Interprétation des scores :
Perturbation faible : score de 0 à 9
Perturbation moyenne : score de 10 à 19
Perturbation forte : score de 20 à 29
Perturbation très forte : score de 30 à 40

Comment je nourris mon cerveau, une ode à la gourmandise

Pour « voir la vie en rose » nul besoin de vous parer de vos plus belles lunettes couleur « bonbon », quelques petites molécules micronutritionnelles savamment ingurgitées feront l'affaire.

Voyons ensemble de quoi il s'agit...

Les AA, de précieuses petites molécules

Les acides aminés (AA) constituent les protéines. Ces dernières représentent en quelque sorte les « briques de notre organisme ». Certains acides aminés, huit précisément (valine, leucine, isoleucine, méthionine, phénylalanine, tryptophane, thréonine et lysine), ne peuvent être fabriqués par l'organisme, c'est pour cette raison qu'ils sont qualifiés d'« essentiels ». Soulignons que pour certaines personnes chez qui l'absorption de la phénylalanine doit être diminuée, la tyrosine – un autre acide aminé – peut également devenir un acide aminé essentiel.

On comprend dès lors que ces petites molécules doivent impérativement être apportées par notre alimentation.

L'organisme utilise les acides aminés libérés lors de la digestion des protéines pour l'entretien de ses tissus et organes mais aussi pour la fabrication des enzymes, des anticorps, des hormones et des fameux neurotransmetteurs indispensables à l'équilibre de nos fonctions cérébrales.

À quoi servent les neurotransmetteurs ?

Nos perceptions, nos pensées et nos souvenirs seraient impossibles sans la conduction nerveuse. Cette conduction de nature électrochimique permet à l'influx nerveux de se propager le long de nos neurones. Toutefois, afin que cette conduction puisse s'effectuer correctement, il est nécessaire que cet influx puisse passer d'un neurone à l'autre. Notre organisation biologique a délégué à cette fonction de petites molécules chimiques chargées de transporter les messages nerveux jusqu'au neurone suivant. Dans le rôle des valeureux traversiers de l'info, nous appelons les neurotransmetteurs, ces messagers chimiques qui, en se diffusant jusqu'au neurone suivant, permettent de recréer l'influx nerveux.

Zoomons sur **trois acides aminés** impliqués plus particulièrement dans ce processus. Il s'agira d'une part d'un acide aminé essentiel, le tryptophane, le seul et l'unique précurseur d'un neurotransmetteur nommé sérotonine.

Nous bénéficierons, d'autre part, des précurseurs : phénylalanine et tyrosine, pour la fabrication des catécholamines (dopamine puis noradrénaline). Cette information capitale signifie que la synthèse de ces trois messagers et l'activité des neurones qui les utilisent dépendent exclusivement de nos apports alimentaires. Si des déficits existent, il sera alors impossible de trouver un autre moyen pour que l'organisme pallie ce manque.

La « Bouddha attitude » du tryptophane

Les paupières mi-closes, les cheveux relevés en chignon ou parfois le crâne rasé, la quiétude posturale du lotus... cette description pourrait correspondre en tous points au portrait du tryptophane, tant cet acide aminé participe à notre « zénitude ». Effectivement, une fois assimilé par notre organisme, le tryptophane est transformé en 5-hydroxytryptophane (ou 5-http) puis en sérotonine. Or, il se trouve que la sérotonine est avant tout le neurotransmetteur de la sérénité. Elle favorise la détente, la décontraction, la bonne humeur et annihile les tensions, l'agressivité et les colères... Frein de nos actions, elle permet également de diminuer l'appétit (notamment pour les sucreries). Il est primordial de déceler une déplétion en sérotonine, notamment chez les personnes « addictives » à différentes drogues (tabac, alcool, etc.), chez celles souffrant de troubles des conduites alimentaires (boulimie, anorexie), ou encore chez les suicidaires.

La production de cette petite molécule magique décroît malheureusement au cours de la vie et d'autant plus lorsque l'on souffre de stress, de surmenage, d'inflammations chroniques, de constipation, que le foie est sur-sollicité (prise de médicaments, pilule, etc.), ou que l'on est carencé en certains nutriments, comme le magnésium, les vitamines B, le tryptophane ou le fer.

SOS sérotonine

Vous manquez peut-être de sérotonine si vous vous sentez irritable, impulsif ou agressif, si vous avez des difficultés à vous endormir ou si vous êtes fortement attiré par le sucré, par le sel ou l'alcool (notamment en fin de journée). En effet, lorsque la sérotonine n'est pas suffisamment disponible, on a tendance à abuser de ces produits car ils favorisent sa libération et sa disponibilité au niveau cérébral, ce qui procure un apaisement rapide.

En pratique

Afin de faire le plein en tryptophane puis en sérotonine, plusieurs critères devront être respectés. En effet, il n'est pas si aisé de parvenir à assimiler correctement ce micronutriment. Comme vous allez le constater, il s'agit pour lui d'un véritable parcours du combattant.

Privilégiez un dîner « végétarien »

Pour potentialiser l'assimilation du tryptophane, il est important de se régaler le soir d'un repas à tendance végétarienne.

En effet, on sait qu'il existe des compétitions au niveau des sites d'assimilation des acides aminés. Or, même si la viande, les œufs, le poisson, le fromage contiennent du tryptophane en grande quantité, ils sont également beaucoup plus riches en d'autres acides aminés qui « squatteront » purement et simplement la place, empêchant, par conséquent, notre mini bouddha de se frayer un chemin vers les sites d'assimilation.

Surveillez vos glucides
Ce repas devra en outre contenir suffisamment de glucides. Il n'est plus à démontrer que la présence d'aliments glucidiques au repas entraîne une augmentation de nos taux de sérotonine. En cause, la libération d'insuline qui favorise préférentiellement l'assimilation du tryptophane au niveau cérébral.

Réglez vos repas
Il sera judicieux de respecter certains créneaux horaires. Les repas « sérotoninergiques » seront à prendre au goûter ou au dîner puisque la synthèse en sérotonine s'exprime davantage dans l'après-midi ou en fin de journée, afin de nous amener progressivement vers la détente puis vers le sommeil. Le but sera donc d'accroître l'apport de tryptophane au moment où la synthèse de sérotonine doit atteindre son apogée.

Les aliments les plus riches en tryptophane

- laitages riches en lactosérum (brousse, ricotta, cottage) ;
- céréales complètes ;
- légumes secs (lentilles, soja, haricots secs, flageolets, pois chiches, fèves, pois cassés...) ;
- fruits secs (dattes, pruneaux, abricots, figues et raisins) ;
- oléagineux (graines de courge, noix, avocats...) ;
- chocolat ;
- banane, prune ;
- œufs, dinde, volailles, poisson.

Aujourd'hui, au menu... sérotonine, calme et volupté

Les goûters proposés ci-après ont été élaborés dans le but de vous apporter un maximum de tryptophane, précurseur de sérotonine. Ils sont également riches en magnésium et vitamines B, facteurs garants de votre sérénité.

Goûter 1 : 1 tranche de pain aux céréales ou à l'épeautre tartinée avec de la brousse à la confiture de figues + 1 infusion ou succédané de café ou chicorée.

Goûter 2 : 1 banane + 1 tartine de pain aux céréales + 2 carrés de chocolat noir ou une poignée d'oléagineux (amandes, noix ou noisettes) ou 1 cuil. à café de purée d'amandes ou de noisettes + 1 infusion ou succédané de café ou chicorée.

Goûter 3 : 1 part de gâteau « Cœur de nuage » (voir recette p. 304) + 1 boisson ; ou 1 smoothie Câlinou (voir recette p. 309), ou 1 crème Douceur de fruits (voir recette p. 296).

N'hésitez pas à vous confectionner d'autres goûters à l'aide de la liste des aliments naturellement riches en tryptophane (voir p. 76).

Et pour le dîner spécial « Pyjama party »...

– 1 crudité ou 1 potage ;
– 1 part de féculents : riz, pâtes, semoule, quinoa, sarrasin... ;
– 1 part de légumes secs : lentilles, flageolets, haricots, pois chiches, pois cassés... ; ou 1 petite portion de volaille (dinde, poulet, canard...), de poisson ou de fruits de mer ; ou 1 œuf ; ou tofu ;
– 1 tranche de pain aux céréales (facultatif) ;
– 1 compote ou un fruit ;
– 1 tisane Détente et nuit sereine.

La « Speedy Gonzales attitude » de la tyrosine

Si vous avez besoin de vous requinquer les méninges, vous pouvez compter sur l'effet euphorisant de la phénylalanine et de la tyrosine. Ces deux acides aminés sont les précurseurs de deux neurotransmetteurs : la dopamine et la noradrénaline qui sont les véritables animateurs de nos neurones. Favorisant la motivation, l'estime de soi, l'énergie, la mémorisation, ces neurotransmetteurs permettent de retrouver le désir d'accomplir, d'avoir des projets et agissent comme des accélérateurs de l'éveil et de l'action, à la différence de la sérotonine...

SOS dopamine

Peut-être manquez-vous de dopamine et de noradrénaline si vous avez du mal à vous lever le matin, que vous fonctionnez au ralenti ou que votre moral est en berne. S'il vous est impossible de vous concentrer, que votre mémoire flanche ou que l'appel de la couette est la seule motivation qu'il vous reste, alors rejoignez d'urgence le club très privé des croqueurs de tyrosine !

Comme pour la sérotonine, la production de dopamine et de noradrénaline peut se trouver affectée par un déficit en certains micronutriments comme le fer, les vitamines B (B2, B3, B6, B9 et B12), le magnésium ou le zinc. En cas de diabète de type 2 (hyperinsulinisme) ou de stress chronique (hypercortisolisme), la tyrosine peut également devenir indisponible pour la fabrication de ces neurotransmetteurs.

En pratique

Afin de faire le plein en tyrosine puis en dopamine et noradrénaline, plusieurs critères devront être respectés. En effet, comme pour la sérotonine, il n'est pas si simple d'assimiler correctement ce micronutriment. Vous constaterez que les règles à suivre sont exactement inverses de celles de la sérotonine.

Privilégiez les protéines d'origine animale

Afin de potentialiser l'assimilation de la tyrosine, il est essentiel que votre repas soit préférentiellement composé de protéines d'origine animale particulièrement riches en phénylalanine et en tyrosine, comme les œufs, la viande, le poisson ou les produits de la mer (coquillages, crustacés) et le fromage.

Réduisez les glucides

Ce menu devra en outre comporter moins d'aliments riches en glucides, qu'il s'agisse de produits sucrés (gâteaux, biscuits, sodas, bonbons, etc.) ou de féculents (pâtes, riz, pain, pommes de terre, etc.). Si vous décidiez d'en ajouter un peu, préférez-les complets (riz complet, quinoa, légumes secs, pâtes au blé complet, sarrasin, pain aux céréales, au seigle ou complet). Ainsi, vous éviterez un pic d'insuline rendant indisponible la tyrosine pour la fabrication des neurotransmetteurs.

Attention aux horaires

Il sera judicieux de respecter certains créneaux horaires. Les repas « dopaminergiques » seront à prendre au petit déjeuner et au déjeuner, puisque la synthèse en catécholamines (dopamine et noradrénaline) s'exprime davantage le matin. Il s'agit, en effet, du bon moment pour augmenter notre vigilance et notre éveil.

Les aliments les plus riches en phénylalanine et en tyrosine

- volaille (canard, dinde, poulet) ;
- viande ;
- œufs ;
- fromage et yaourt nature ;
- poissons, fruits de mer, crustacés.

Aujourd'hui, au menu... dopamine et noradrénaline

Petit déjeuner

– 1 boisson : thé, café, céréales torréfiées, chicorée, etc., sans sucre ajouté ;
– 1 petite portion de pain aux céréales, au seigle ou au son avec une lichette de beurre ou de purée d'amandes ou de noisettes (magasins bio) ; ou céréales de type muesli (sans sucre ajouté) ou flocons d'avoine ;
– 1 ou 2 œufs (en fonction du poids), ou jambon, bacon maigre, fromage, rôti ou œufs brouillés fraîcheur (voir recette p. 288), etc. ; ou 1 crème aux œufs maison (voir recette p. 303) sucrée avec un édulcorant naturel de stévia ; ou 1 boisson protéique chocolatée ;
– 1 fruit ;
– 1 yaourt nature (si vous n'avez pas pris d'autres produits laitiers durant ce repas).

Si, malgré tous vos efforts, le fait de manger un aliment salé le matin ne passe pas, essayez une boisson au chocolat riche en protéines et pauvre en glucides ou éventuellement une crème aux œufs maison édulcorée avec de la stévia. Toutefois, si vous optez pour cette dernière préparation, abaissez la quantité de céréales ou de pain consommée. Effectivement, même sans sucre ajouté, le lait utilisé dans la recette apporte un peu de sucre.

Déjeuner
– 1 crudité ;
– 1 portion de viande ou de poisson ou de fruits de mer ;
– 1 portion de légumes cuits ;
– 1 petite portion de féculents au choix et suivant votre appétit : riz, pâtes, pain, légumes secs, quinoa... (facultatif) ;
– 1 fruit et/ou 1 laitage.

Au pays de Candi : les glucides

Afin de bien nourrir notre cerveau, nous avons vu qu'il était important de potentialiser la sécrétion de nos neurotransmetteurs en consommant des acides aminés de choix. Mais ce n'est pas tout, il est essentiel de fournir aussi de l'énergie à nos neurones pour qu'ils puissent fonctionner à plein régime. Cette énergie vitale devra être apportée par les glucides (les sucres) à notre alimentation. Attention toutefois à respecter un juste milieu car trop de sucre tue le sucre... et surtout notre cerveau !

Une petite explication s'impose.

Le cerveau utilise les glucides (les sucres) comme source principale d'énergie, mais étant donné qu'il n'a pas la possibilité de les stocker nous devons obligatoirement lui en apporter de manière régulière afin qu'il puisse fonctionner harmonieusement. En clair, cela signifie que nous devons consommer des aliments glucidiques en quantité raisonnable mais subtilement répartis tout au long de la journée.

Le but de la manœuvre sera d'éviter les hypoglycémies. Ces dernières se manifestent lorsque l'on constate une chute du taux de glucose sanguin. À ce moment-là, c'est la panne sèche ! Sans carburant, le cerveau se trouve fortement perturbé et vit ce phénomène comme un véritable stress. Sauf maladie particulière, les hypoglycémies sont consécutives à deux phénomènes : elles sont soit liées à un manque de glucides, soit au contraire à une consommation d'aliments trop sucrés. Ainsi, lorsque nous dégustons des sucreries ou des sodas, le taux de sucre dans le sang s'élève brusquement, entraînant une sécrétion accrue par le pancréas d'une hormone appelée insuline. L'insuline libérée en très grande quantité pour juguler cette arrivée massive de sucre va provoquer la baisse de la glycémie à une valeur inférieure à la normale. Toute baisse de la glycémie neuronale aura un retentissement délétère sur notre comportement pouvant amplifier une vulnérabilité émotionnelle ou psychologique. À constater la cohorte de symptômes liés à l'hypoglycémie – baisse d'énergie, fatigabilité, nervosité, irritabilité, étourdissement, incapacité à se concentrer, discours incohérent, ralentissement de la vitesse de décision... –, il va de soi que ce facteur nutritionnel reste incontournable.

Ajoutons que l'état d'hyperglycémie (taux trop élevé de sucre dans le sang) – comme on peut le voir chez les personnes souffrant de diabète ou chez celles consommant beaucoup de sucreries ou de glucides en général – entraîne un état d'oxydation extrême au niveau cérébral. On appelle ce phénomène hautement préjudiciable pour la santé de notre cerveau la « glycation ».

En pratique
Afin de bénéficier d'une glycémie équilibrée, voici ce que vous pouvez faire.

Choisissez vos glucides
Pour cela, suivez les indications de ce tableau qui indique les glucides à favoriser, c'est-à-dire ceux qui n'élèvent pas démesurément notre insuline lorsque nous les consommons (glucides à index glycémique bas).

Glucides à IG (index glycémique) élevé ou modéré : à éviter	Glucides à IG (index glycémique) bas : à favoriser
Sucre blanc ou roux, miel, sirop d'érable, confiseries, barres chocolatées...	Extrait sucrant naturel : sirop d'agave ou stévia, chocolat noir à 70 % de cacao minimum, caroube sans sucre ajouté.
Farine blanche, pain blanc, riz blanc, viennoiseries, galettes de riz, céréales raffinées et soufflées (corn flakes, riz soufflé, etc.)	Céréales complètes, pain complet au levain ou aux céréales, riz complet ou basmati, pâtes cuites *al dente* ou complètes, quinoa, sarrasin, flocons d'avoine, muesli, galettes de riz complet.
Pommes de terre et particulièrement purées, chips, frites	Patates douces, légumes secs (lentilles, pois chiches, pois cassés, fèves, haricots (azuki, mungo...), flageolets.
Confitures, fruits au sirop ou cuits avec du sucre...	Fruits à l'état naturel, en particulier les fruits rouges qui aident à réguler la glycémie.
Jus de fruits sucrés, sodas... Alcool	Tisanes, thé vert, eau, un verre de vin rouge/jour au cours d'un repas.
	Tous les légumes verts.
	L'ail, l'oignon, les échalotes qui contribuent à réduire les pics d'insuline.

Consommez des fibres
Les fibres permettent de ralentir l'assimilation trop rapide des glucides ou des sucres. Elles régulent de ce fait positivement le taux de glucose dans le sang et la sécrétion de l'insuline. On favorisera les céréales complètes, les fruits, les légumes, les légumes secs et les graines (graines de lin, psyllium...).

Ajoutez dans vos yaourts, vos céréales, vos crudités, votre pain ou vos pâtisseries des graines de lin finement moulues, du son d'avoine, du psyllium, de la pectine de pomme ou de l'agar-agar. Ayez le réflexe de commencer systématiquement votre repas par une crudité ou un potage.

Dites oui aux protéines

Introduisez des aliments sources de protéines à chaque repas (y compris aux collations) : fromage, viande, œufs, poisson, volaille, fruits de mer, crustacés, tofu, oléagineux au naturel (noix, noisettes, amandes, etc.).

Étant donné que les aliments protéiques sont assimilés plus lentement, ils ralentissent (comme les fibres) l'assimilation trop rapide des glucides.

Ayez toujours sous la main quelques oléagineux ou des fèves de soja rôties (que l'on trouve en magasin bio), riches en fibres et en protéines, à grignoter par exemple en cas de petits creux.

Mets de l'huile : le choix des lipides

Mission accomplie : nous nous sommes occupés des nutriments permettant une sécrétion efficiente de nos neurotransmetteurs et nous avons apporté en proportions idéales des glucides et donc de l'énergie à notre cerveau. Il est maintenant temps de nous occuper de sa plasticité, car un cerveau bien dodu est préférable à un cerveau maigrichon...

Les lipides (acides gras ou graisses) jouent un rôle déterminant dans la qualité des membranes de toutes nos cellules et tout particulièrement celles de nos neurones. Lorsque les membranes sont de bonne qualité, elles induisent notamment une libération facilitée de nos neurotransmetteurs.

Cette qualité dépend essentiellement de la richesse membranaire en acides gras oméga-3, et plus particulièrement en EPA et DHA (deux acides gras oméga-3 contenus dans les huiles de poissons gras). Notons toutefois que c'est le DHA qui reste l'un des principaux acides gras polyinsaturés du cerveau.

Ainsi, cet onguent régénérant aux acides gras permettra de fluidifier nos membranes qui bénéficieront alors d'une souplesse d'adaptation incomparable. Nos neurones deviendront capables de recevoir et de réexpédier un message nerveux clair et fort.

Attention : la description qui suit pourrait heurter la sensibilité des plus jeunes

Une pénurie en oméga-3 cause le désert de Gobi au sein de votre cerveau ! Le signal chimique véhiculé par les neuromédiateurs de la bonne humeur (sérotonine, dopamine et noradrénaline) devient fortement perturbé ; le cerveau « asséché » contient également moins de vésicules renfermant les précieux neurotransmetteurs. Ces derniers, moins disponibles, sont, à leur tour, incapables de transmettre l'influx nerveux.

Puis vient le tour des neurones qui se rabougrissent et perdent leur fonctionnalité. Mais le scénario de l'horreur se poursuit encore, puisque le cerveau se retrouve alors quasiment privé de glucose, son unique carburant ; même l'approvisionnement en sang et en oxygène devient compromis... Imaginez le tableau : un cerveau, peut-être le vôtre, ravagé par l'aridité de son environnement et vous implorant à corps perdu : « À l'aide, je veux des oméga ! »

Vous avez dit acides gras ?

Les acides gras sont les constituants de base des graisses que nous ingérons chaque jour. Ils servent notamment à structurer dans l'organisme les membranes de nos cellules. Il existe trois sortes d'acides gras :

– **les acides gras saturés,** principalement présents dans les aliments d'origine animale et dont l'excès est dangereux pour la santé ;

– **les acides gras mono-insaturés**, comme ceux trouvés dans l'huile d'olive, les amandes et la graisse d'oie qui sont bénéfiques ;
– **les acides gras polyinsaturés**, qui comportent notamment deux familles d'acides gras essentiels (qui ne sont pas synthétisés par l'organisme et doivent donc impérativement être apportés par l'alimentation) : les oméga-6 et les oméga-3. Le chef de file des oméga-6 est l'acide linoléique que l'on trouve dans les huiles de tournesol, de maïs, de soja, de pépins de raisin. Les oméga-3 sont représentés par l'acide alpha-linolénique majoritaire dans les huiles de colza, de lin, de cameline et de noix et par l'acide éicosapentaénoïque (EPA) et l'acide docosahexaénoïque (DHA) présents dans les poissons gras.

Et les phospholipides dans tout ça ?

L'acétylcholine (ACh pour les intimes) est un neurotransmetteur qui joue un rôle important pour nos fonctions cérébrales. Responsable d'un sommeil réparateur (sommeil paradoxal), il est impliqué dans nos facultés de mémorisation et d'apprentissage. Afin de stimuler sa production, il est important que notre alimentation contienne suffisamment de choline, un phospholipide précurseur de l'ACh.

Les meilleures sources de choline

Le jaune d'œuf est de loin l'aliment qui en contient le plus : un œuf (50 g) en contient 125 mg. Viennent ensuite le foie (autour de 300 mg/100 g), la viande, le poisson et les fruits de mer (de 70 mg à 100 mg/100 g), les légumineuses et les noix (autour de 40 mg/100 g), puis la lécithine de soja (18 mg/100 g).

Les fruits de mer et les crustacés contiennent des quantités appréciables de choline, de bétaïne (jusqu'à 2 000 mg/100 g) et de méthionine, trois substances qui sont nécessaires à la synthèse des neurotransmetteurs du cerveau impliqués dans la mémorisation. Par ailleurs, 80 % des graisses apportées par les crustacés sont sous la forme de phospholipides (phosphatidylcholine, phosphatidylsérine) et de sphingolipides. Ces graisses entrent dans la constitution des tissus nerveux. Or, les enquêtes alimentaires montrent que les régimes actuels apportent de moins en moins de choline et de phosphatidylcholine. Dans les expérimentations animales, des déficits en choline s'accompagnent de troubles de la mémoire, d'un vieillissement précoce des structures nerveuses et parfois d'une destruction accélérée des neurones. Les produits de la mer – tourteaux, crevettes, gambas, coquillages... – devraient être consommés régulièrement.

En pratique

Utilisez des huiles riches en oméga-3

La bonne stratégie consistera dans un premier temps à utiliser des huiles riches en oméga-3 apportant de l'acide alpha-linolénique :

- huile de colza, ou un mélange colza/olive ;
- huile de noix, ou un mélange noix/colza ;
- huile de cameline, ou un mélange colza/carthame/cameline.

Préférez les huiles issues de l'agriculture biologique et de première pression à froid (voir aussi « Ma communication cellulaire ne passe plus » p. 187).

	Pour une femme/jour	Pour un homme/jour
Huile de colza	3 cuil. à soupe	4 cuil. à soupe
Huile d'olive/colza	3 cuil. à soupe	4 cuil. à soupe
Huile de noix	2 cuil. à soupe	2,5 cuil. à soupe
Huile de noix/colza	2,5 cuil. à soupe	3 cuil. à soupe
Huile Escoline 3C (colza, carthame, cameline)	3 cuil. à soupe	3,5 cuil. à soupe
Huile BioCameline Escofine	1 cuil. à café	1 cuil. à café

Consommez du poisson gras

Afin d'apporter suffisamment d'oméga-3 de la série DHA et EPA, il est fortement conseillé de consommer du poisson gras : environ 400 g/semaine. Nous y reviendrons en détail au chapitre « Ma communication cellulaire ne passe plus » p. 187.

Quel poisson gras choisir ?
Les meilleurs poissons gras pour votre santé sont le maquereau, les sardines, le saumon labellisé (label rouge ou bio), le hareng...

Les autres poissons gras, et en particulier les gros poissons comme le thon rouge, l'espadon, le brochet, le flétan, devraient être consommés avec parcimonie. Ils sont en effet capables de concentrer des toxiques – comme le mercure ou la dioxine – pouvant générer des dégâts cérébraux.

Il faudra veiller à éviter les cuissons à haute température afin de ne pas abîmer les acides oméga-3 sensibles à la chaleur.

Modes de consommation des poissons gras
– en boîte : sardines à l'huile d'olive, maquereau, hareng, foie de morue... ;
– crus sous forme de sushi ou de sashimi ;
– en marinade dans de l'huile d'olive ou de colza additionnée de jus de citron ou de vinaigre, d'aromates et d'épices ;
– à la vapeur ;
– au court-bouillon.

Potentialisez vos apports en phospholipides
Pour cela, voici les aliments que nous vous conseillons de consommer :
– œufs fermiers ou aux oméga-3 (labellisés Bleu-Blanc-Cœur, se trouvent en grandes surfaces) : environ 4 à 5/semaine ;
– foie de volaille, de veau ou d'agneau (sauf pour la femme enceinte) : 1 fois/semaine ;
– oléagineux au naturel : noix, noisettes, amandes, etc. : une petite poignée/jour ;
– fruits de mer et crustacés (huîtres, moules, palourdes, crevettes, etc.) : au moins 1 fois/semaine ;
– céréales complètes (riz, blé, sarrasin, avoine, pain aux céréales) : quotidiennement.

Des vitamines et des minéraux parce qu'il le vaut bien !

Ah, décidément, il n'est pas toujours facile de comprendre son cerveau ! Que ne faut-il pas faire pour calmer les caprices de cette diva lunatique qui peut parfois nous rendre chèvre, nous faisant tour à tour passer du rire aux larmes, refusant quelquefois de nous aider à trouver le bon mot ou trahissant nos pensées pour un oui, pour un non. Un conseil, offrez-lui des vitamines et des minéraux 24 carats !

Comme nous l'avons souligné précédemment, un apport en acides aminés pour l'élaboration de nos neurotransmetteurs ne suffit malheureusement pas toujours. En effet, des déficits en certains micronutriments pourront également affecter leur production.

Ainsi, pour que le tryptophane puisse se transformer correctement en sérotonine, il est nécessaire que nous disposions de suffisamment de fer, de magnésium, de vitamines B. Il en est de même pour la tyrosine qui de son côté a besoin de zinc, de magnésium, de fer, de vitamines B et de vitamine C pour réussir sa métamorphose en dopamine et en noradrénaline.

Mention spéciale pour le magnésium

Le magnésium permet non seulement la transformation de nos acides aminés en neurotransmetteurs mais il agit aussi directement sur la plasticité de notre cerveau, améliorant de ce fait l'apprentissage et la mémoire. Il faut dire que le magnésium est partout, dans toutes nos cellules. Il participe à plus de 300 réactions enzymatiques dans notre organisme. Un déficit en ce micronutriment a forcément un impact délétère au niveau du système nerveux central avec une répercussion sur notre comportement : difficultés à gérer le stress, anxiété, hyperémotivité, irritabilité... Certains signes évocateurs peuvent témoigner d'un manque de magnésium comme une sensibilité au bruit, un stress mal géré, des spasmes, des crampes, des palpitations, une sensation de boule dans la gorge, un tressautement des paupières... Or, il semble que beaucoup de personnes n'en consomment pas suffisamment aujourd'hui. Selon une étude de SUVIMAX, les 3/4 de la population ont des apports en magnésium inférieurs aux apports nutritionnels conseillés. Nous y reviendrons plus en détail au chapitre « Ma communication cellulaire ne passe plus » p. 187.

Nous avons également vu que notre cerveau était extrêmement riche en graisse ; malheureusement cette dernière s'avère aussi très fragile à l'oxydation.

Comme nous l'expliquerons au chapitre « Ma protection cellulaire s'est mise en congés » (voir p. 149), la seule protection face à l'oxydation reste l'apport suffisant d'antioxydants. Une teneur optimale en ces éléments dans le cerveau est incontournable pour la bonne fonctionnalité des neurones, des membranes et des neurotransmetteurs. Les antioxydants les plus importants pour cet organe sont le zinc et le sélénium. D'autres participent également à sa protection, comme la vitamine E naturelle et les caroténoïdes, c'est pour cette raison qu'il est précieux de consommer quotidiennement des fruits et des légumes et de mettre de la couleur dans son assiette !

L'iode, quant à lui, est nécessaire à la fabrication des hormones thyroïdiennes, qui jouent un rôle majeur dans le développement du système nerveux en particulier durant les premiers mois de la vie.

Le fer

Il est étonnant de constater à quel point le fer peut influencer le bon fonctionnement de l'ensemble de notre organisme. Chaque cellule du corps contient du fer... c'est dire ! Son insuffisance peut, par voie de conséquence, altérer le déroulement efficient de la plupart de nos processus physiologiques, dont la fameuse synthèse des neurotransmetteurs. Or, de nombreux travaux suggèrent que les apports en ce minéral seraient inférieurs aux apports recommandés. Certains signes de déficit peuvent se manifester comme la fatigue, une pâleur de la peau et des muqueuses, une chute de cheveux, des palpitations... Afin de connaître notre statut en fer, il est possible de réaliser un dosage sanguin du taux de ferritine. La ferritine sérique reflète de façon assez fiable notre statut en fer. Son taux ne doit jamais représenter moins de 11 ng/ml selon l'Organisation mondiale de la santé. En micronutrition, on considère que les valeurs optimales pour la santé sont de 30 à 50 ng/ml pour la femme et de 80 ng/ml pour l'homme.

Il existe deux types de fer : le fer héminique et le fer non héminique. Seul le fer héminique – c'est-à-dire le fer des chairs animales – possède un coefficient d'assimilation digestive efficace. Le fer des végétaux présente globalement une assimilation médiocre.

– le fer héminique, constituant du sang et des muscles des animaux, est contenu dans la viande, le poisson, les fruits de mer, le boudin et les produits d'origine animale. Environ 25 % de ce fer est absorbé par notre intestin.

– le fer non héminique est contenu dans les aliments d'origine végétale, les œufs et les produits laitiers. Il est peu biodisponible, c'est-à-dire qu'à peine 5 % sont absorbés. De plus, l'absorption du fer non héminique varie selon l'aliment dans lequel il se trouve. Le thé, le café, le vin ou le son diminuent son absorption.

Les meilleures sources de fer

– les palourdes : 27,96 mg/100 g ;
– le boudin noir : 15 à 20 mg/100 g ;
– les abats (rognons) : 5,8 mg/100 g ;
– les huîtres : 12 mg/100 g ;
– le foie : 10,2 mg/100 g ;
– le quinoa : 9,25 mg/100 g ;
– le cheval : 5 mg/100 g ;

– les moules : 6,72 mg/100 g ;
– les légumineuses : pois chiches : 2,9 mg/100 g, lentilles : 3,3 mg/100 g... ;
– le canard : 2,7 mg/100 g ;
– la viande de bœuf : 2,65 mg/100 g ;
– les volailles : en moyenne 1,5 mg/100 g.

En pratique

Nous vous conseillons de consommer :
- du foie bio de génisse, de veau ou d'agneau : 1 fois/semaine, voire tous les 10 jours ;
- de la viande rouge : 2 fois/semaine ;
- de la viande blanche et volaille (canard, poulet, dinde, veau, lapin, pintade...) : 1 à 2 fois/semaine ;
- du boudin noir : régulièrement, si vous manquez de fer ;
- des fruits de mer (huîtres, moules, palourdes, crabes, langoustines) : 1 à 2 fois/semaine ;
- du jus de citron et persil : systématiquement sur les plats qui s'y prêtent (les aliments riches en vitamine C augmentent l'assimilation du fer alimentaire) ;
- des légumes secs ou céréales complètes : 1 fois/jour ;
- du germe de blé (pour en saupoudrer vos plats) : quotidiennement ;
- des herbes aromatiques dans toutes vos préparations.

Attention, le thé ou le café seront à éviter au cours des repas de midi et du soir, ainsi que dans l'heure qui les suit ou les précède car ils inhibent l'assimilation du fer non héminique.

Le magnésium

Vous trouverez du magnésium en quantité satisfaisante dans certaines eaux, dans les coquillages, les crevettes roses, les fruits secs (figues, abricots), les oléagineux (amandes, noix, noisettes), les légumineuses, le germe de blé, les céréales complètes, les légumes à feuilles vert foncé, la levure de bière, le chocolat noir.

Les eaux riches en magnésium

Rozana est à la fois alcalinisante et renferme 160 mg/l de magnésium. Les autres eaux alcalinisantes et riches en magnésium sont : Quézac (95 mg/l), Arvie (92 mg/l) et Badoit (85 mg/l).
Parmi les eaux plates : Hépar (110 mg/l) et Contrex (84 mg/l), mais ces deux eaux sont acidifiantes (pour davantage de précisions, voir « Ma communication cellulaire ne passe plus » p. 187).
Contrairement à une idée très répandue, les minéraux présents dans l'eau sont parfaitement assimilés par l'organisme. Le magnésium de l'eau est absorbé à près de 60 %.

En pratique

– Consommez des légumes secs (lentilles, pois chiches, pois cassés, flageolets, haricots blancs ou rouges...) au moins 3 fois/semaine ;
– grignotez une poignée d'amandes, de noix, de noisettes chaque jour et saupoudrez vos préparations avec 1 cuil. à café de graines de lin moulues ;
– optez pour des céréales complètes issues de l'agriculture biologique ;
– prenez l'habitude de saupoudrer vos plats, crudités, salades d'1 à 2 cuil. à soupe de levure de bière ou de germe de blé non traités ;
– prévoyez au moins 1 fois/jour un légume à feuilles vert foncé (épinards, brocolis, salade verte, blettes...) ;
– si vous aimez, mangez 2 carrés de chocolat noir (20 g) à 70 % de cacao tous les jours ;
– buvez tout au long de la journée une eau riche en magnésium et utilisez-la par exemple pour préparer votre thé, vos tisanes ou vos potages... ;
– utilisez chaque jour des aromates dans vos préparations, ils sont riches en magnésium ;
– si vous aimez, vous pouvez consommer des escargots et des bigorneaux cuits en raison de leur teneur record en magnésium (250 à 300 mg/100 g).

En respectant ces quelques conseils, vous obtiendrez un apport en magnésium d'environ 583 mg/jour. Les apports journaliers recommandés sont de 6 mg/kilo de poids corporel/jour.

Quelques aromates à utiliser : ciboulette, menthe, aneth, céleri, sauge, basilic, graines de fenouil, persil, sarriette, cumin, estragon, coriandre, marjolaine, carvi...

Les vitamines du groupe B

Les vitamines B sont les cofacteurs indispensables de l'ensemble des métabolismes de la cellule. Elles sont en quantité insuffisante en cas de consommation riche en aliments raffinés et pauvre en légumes verts.

En pratique

- Consommez des légumes secs au moins 3 fois/semaine ;
- saupoudrez vos crudités quotidiennement avec 1 cuil. à soupe de germe de blé ou de levure de bière ;
- pensez à ajouter tous les jours 1 cuil. à soupe de graines de lin finement moulues dans vos salades, vos yaourts, vos céréales ou vos compotes. Vous les trouverez en magasin bio ;
- consommez au moins un légume à feuilles vert foncé par jour ;
- régalez-vous de fruits de mer cuits (huîtres, moules, palourdes, bulots...) et de crustacés (tourteaux, crevettes, gambas...) au moins 1 fois/semaine ;
- remplacez vos céréales raffinées par des céréales complètes (riz complet, pâtes complètes, farine complète, pain aux céréales ou au seigle, au levain, etc.) ; pensez également au quinoa ;
- consommez tous les jours un peu de viande maigre, de poisson ou des œufs ;
- utilisez des aromates et des épices dans toutes vos préparations.

L'iode

Les sources d'iode se trouvent principalement dans les produits d'origine marine :

– poissons, crustacés et mollusques sont les aliments les plus riches en iode : de 100 à 180 µg/100 g (le poisson d'eau douce n'en contient que 4 µg/100 g) ;

– les algues sont également riches en iode (de 10 à 1 300 µg/100 g selon l'espèce), mais sont peu consommées en Europe.

Les produits laitiers et céréaliers ainsi que les œufs et leurs produits dérivés contribuent également à l'apport en iode (œuf : 48 µg ; fromages : 26 µg/100 g ; produits laitiers frais : 18 µg/100 g ; lait : 15 µg/L).

En pratique

– Demandez à votre médecin ou à votre micronutritionniste de vous faire effectuer une iodurie ;

– consommez du poisson au moins 3 fois/semaine ;

– consommez des fruits de mer au moins 1 fois/semaine ;

– afin de préserver l'iode des aliments, évitez les cuissons au court-bouillon et préférez les cuissons à la vapeur douce, en papillote (préférez alors le papier sulfurisé à l'aluminium) ou à l'étouffée ;

– utilisez du sel de table iodé (on trouve actuellement du sel de Guérande bio mélangé à des algues) ;

– si vous aimez, mangez des algues que vous achèterez en magasin bio, à raison de 25 g/semaine (poids sec).

Malgré tout, n'abusez pas d'aliments trop concentrés en iode comme les algues, car l'iode en excès, tout comme en déficit, peut avoir des effets négatifs sur la thyroïde. Mais ne vous inquiétez pas car la surcharge iodée est rarement d'origine alimentaire. Le plus souvent, elle est la conséquence d'un surdosage médicamenteux.

Le zinc

En général, l'organisme absorbe de 15 à 40 % du zinc présent dans les aliments. L'huître est l'aliment qui en contient le plus, mais la plupart des viandes, des fruits de mer et des produits d'origine animale comme le foie en sont des sources de qualité. Les légumineuses, certains végétaux et les céréales complètes fournissent aussi du zinc en quantité appréciable mais moins bien assimilé par notre organisme.

En pratique

- Consommez des fruits de mer et crustacés cuits au moins 1 fois/semaine ;
- consommez 3 à 4 portions de viande/semaine ;
- consommez du foie 1 fois/semaine ;
- choisissez des céréales complètes (riz complet, quinoa, blé complet, sarrasin, seigle...) et consommez des légumes secs environ 3 fois/semaine ;
- saupoudrez vos préparations de germe de blé, quotidiennement (environ 2 cuil. à soupe) ;
- croquez une poignée d'oléagineux quotidiennement (amandes, noix, noisettes, graines de courges au naturel).

Le sélénium

Comme pour le zinc, le sélénium présent dans les produits animaux sera mieux assimilé.

On trouvera le sélénium en quantité appréciable dans le poisson, la viande, les fruits de mer (huîtres, palourdes), les abats, la levure de bière et les noix du Brésil.

Les aliments au top pour notre cerveau

- **Les fruits de mer et les crustacés :** au minimum 1 fois/semaine ; ils sont riches en choline, en fer (huîtres, moules, palourdes), en magnésium (bigorneaux +++), en zinc (huîtres), en sélénium (huîtres, palourdes), en iode,

en vitamines B et en acides aminés essentiels. Ils contiennent aussi un peu d'oméga-3 EPA et DHA ;
– **les œufs :** 4 à 5 œufs/semaine ; ils sont riches en choline +++, en acides aminés (tyrosine, tryptophane, phénylalanine), en iode. Ils contiennent en plus des oméga-3 s'ils sont fermiers ou labellisés Bleu-Blanc-Cœur ;
– **les légumes secs :** au minimum 3 fois/semaine ; ils sont riches en choline, en vitamines B, en magnésium, en zinc et en fibres. Ils possèdent un index glycémique très bas ;
– **les oléagineux (noix, noisettes, amandes, graines de lin... au naturel) :** quotidiennement ; ils sont riches en choline, en magnésium (amandes +++), en oméga-3 (noix, lin), en zinc (graines de courge), en sélénium (noix du Brésil +++), en vitamines B et en fibres. Ils possèdent un index glycémique très bas ;
– **les poissons gras (sardine, maquereau, saumon, hareng...) :** 3 fois/semaine (environ 400 g/semaine) ; ils sont riches en choline, en oméga-3 (EPA et DHA), en iode, en sélénium et en zinc ;
– **le foie :** 1 fois par semaine ; il est très riche en fer, en choline, en zinc et en sélénium ;
– **le germe de blé et/ou la levure de bière :** en saupoudrer quotidiennement ses aliments ; ils sont riches en magnésium, en vitamines B, en zinc, en sélénium et en fibres ;
– **les céréales complètes : riz, blé, épeautre, avoine... mais aussi quinoa et sarrasin :** quotidiennement en quantité raisonnable ; elles sont riches en magnésium, en vitamines B, en zinc, en fibres. Elles possèdent un index glycémique relativement bas ;
– **les huiles de colza, de noix, de cameline :** quotidiennement pour l'assaisonnement des crudités par exemple ;

elles sont riches en acide alpha-linolénique et favorisent un bon équilibre oméga-6/oméga-3.
– **les légumes :** quotidiennement, au moins 2 fois/jour ; ils sont riches en magnésium, en vitamines B, en antioxydants, en fibres et pour certains en oméga-3 (pourpier, mâche, épinard, jeunes pousses...).

Une journée pour...

Vous trouvez toutes ces recommandations fastidieuses à suivre ? Pas de panique, nous vous proposons des conseils nutritionnels sur une journée pour chouchouter votre cerveau !

Petit déjeuner
– 1 boisson chaude au choix (café, thé, tisane...) de préférence sans sucre ajouté ;
– du pain aux céréales ou de seigle, ou des céréales (flocons d'avoine ou muesli) avec un peu de lait ou un yaourt ;
– œuf(s) (fermiers ou aux oméga-3), jambon, fromage ou rôti ;
– 1 fruit frais de saison.

Les plus
– la sécrétion de dopamine et de noradrénaline est favorisée par la protéine d'origine animale ;
– les glucides sont à index glycémique bas ;
– présence de fibres apportées par les céréales complètes et par le fruit.

Déjeuner
– 1 crudité assaisonnée avec de l'huile de colza (ou colza/olive), de noix (ou noix/colza), de cameline + vinaigre ou citron et aromates de votre choix ;
– germe de blé à saupoudrer sur vos crudités ;

– des fruits de mer (1 fois/semaine), du poisson (poisson gras 3 fois/semaine), du foie (1 fois/semaine), de la viande au choix ou des œufs ;
– légumes cuits au choix ;
– féculents (facultatifs, suivant votre appétit) : légumes secs (au moins 3 fois/semaine), quinoa, riz complet, pâtes *al dente*, pommes de terre… ;
– du pain aux céréales ;
– 1 yaourt et/ou 1 fruit.

Les plus
– la sécrétion de dopamine et de noradrénaline est favorisée par la protéine d'origine animale, les glucides sont à index glycémique bas, présence de fibres apportées par les céréales et les crudités ;
– apport optimal en oméga-3 (acide alpha-linolénique) avec les huiles d'assaisonnement, en EPA et DHA avec le poisson gras, en phospholipides avec les fruits de mer et les œufs ;
– apport optimisé en vitamines B et en magnésium avec les céréales complètes, le germe de blé et les légumes secs ;
– apport optimisé en antioxydants grâce à la protéine animale, au germe de blé et aux crudités ;
– apport optimisé en fer par la présence de la protéine en particulier foie, fruits de mer, viande.

Goûter
– 1 petite poignée d'oléagineux au naturel : noix, noisettes, amandes ou chocolat ;
– du pain aux céréales ;
– 1 banane, ou fruits secs, ou Douceur de fruits (voir recette p. 296) ;
– 1 tisane.

Les plus
– la sécrétion de sérotonine est favorisée par les aliments riches en tryptophane et en glucides ;
– apport optimal en magnésium et en vitamines B grâce aux oléagineux, au chocolat, aux fruits secs et céréales complètes ;

- apport optimisé en acide alpha-linolénique (oméga-3), en tryptophane et en magnésium avec la recette Douceur de fruits.

Dîner

- 1 crudité ou potage ;
- féculents : pâtes, riz, semoule, quinoa, sarrasin, blé, épeautre, pommes de terre... ;
- légumes secs : lentilles, pois chiches, pois cassés, haricots, flageolets..., ou poisson, volaille, œuf en petite quantité ;
- 1 fruit ou compote.

Les plus

- la sécrétion de sérotonine est favorisée grâce aux aliments riches en tryptophane et en glucides ;
- apport optimal en magnésium et en vitamines B grâce aux légumes secs et aux céréales complètes.

Boisson

- choisir une eau minérale riche en magnésium (environ 50 cl/jour) : Quézac, Badoit, Arvie, Rozanna, Hépar ou Contrex, à alterner avec d'autres eaux pour arriver à une consommation d'environ 1,5 litre/jour ;
- suffisamment s'hydrater est primordial pour le cerveau. En effet, ce dernier fait partie des organes qui contiennent le plus d'eau (90 %). Cela signifie qu'il est très sensible à la déshydratation. Divers symptômes peuvent apparaître si nous sommes déshydratés : fatigue, difficultés de concentration, etc.

Les plus

- apport en minéraux et en magnésium. Participe à l'équilibre acido-basique de notre organisme (voir. p. 48).

Comment je complémente mon cerveau

Nous allons à présent aborder les compléments alimentaires pouvant agir spécifiquement sur l'équilibre cérébral. Ils seront conseillés notamment si l'alimentation ne suffit pas à obtenir une amélioration significative et qu'il existe des déséquilibres objectivés par la biologie.

Toutefois, compte tenu de la complexité des acteurs nutritionnels et micronutritionnels intervenant dans le bon déroulement des fonctions cérébrales, il n'est pas envisageable de conseiller une stratégie unique. Par exemple, un déficit en sérotonine peut résulter de plusieurs problématiques (indisponibilité du tryptophane suite à une inflammation ou à une surconsommation de ce dernier par le foie, ou encore à cause d'un déséquilibre au niveau de l'intestin ou de carences en certaines vitamines et minéraux...), qu'il est impossible de déterminer sans une consultation préalable. Afin de se complémenter au mieux, il s'avère donc nécessaire de consulter un thérapeute spécialisé en micronutrition. Lui seul pourra vous prodiguer des conseils sur mesure et déterminer avec précision quel complément vous devez prendre, en quelle quantité et pendant combien de temps.

La micronutrition du cerveau

Afin d'objectiver un déséquilibre en neurotransmetteurs, le micronutritionniste utilise le profil urinaire des neurotransmetteurs.

Face à un déficit possible en sérotonine

Si vous avez répondu plusieurs fois « 2 » aux questions 8 à 15 du QMS Fonction cerveau (voir p. 71), vous présentez peut-être un déficit en sérotonine.

En fonction de l'intensité du déficit observé, une prise en charge micronutritionnelle adaptée sera proposée.

Pour un déficit modéré en sérotonine
Les symptômes sont les suivants : vous vous sentez stressé(e), vous vous énervez facilement et/ou vous avez de plus en plus souvent du mal à vous endormir.

Quels nutriments doit contenir le complément alimentaire adapté ?
– du tryptophane, l'unique acide aminé essentiel précurseur de la sérotonine. Il sera opportun de choisir une forme de tryptophane naturelle (et non de synthèse), issue de la fermentation d'amidon de maïs par une bactérie. Ce tryptophane bio-identique sera beaucoup mieux assimilé par l'organisme.
Dosage généralement conseillé : 220 à 440 mg/jour.

– de la vitamine B6 et du magnésium, les cofacteurs les plus importants de la synthèse de la sérotonine. Le magnésium favorise également la détente et la relaxation.
Dosage généralement conseillé pour le magnésium : 150 à 300 mg/jour.

Dosage généralement conseillé pour la vitamine B6 : 1 à 2 mg/jour.

L'info du spécialiste
Le tryptophane est un acide aminé présent en faible quantité dans l'alimentation. Il est mal assimilé en cas de ralentissement du transit. Dans l'organisme, il peut être utilisé pour fabriquer de la vitamine B3, et sa transformation est rendue difficile en cas d'inflammation et de carence en fer.
Le spécialiste en micronutrition prendra en compte tous ces paramètres dans son conseil.

Pour un déficit en sérotonine plus important
Les symptômes sont les suivants : vous vous sentez stressé(e) et vous voyez apparaître en plus des addictions alimentaires en fin

de journée (envies de sucreries, de chocolat, de biscuits, etc.), sans pouvoir vous contrôler, vous êtes sur les nerfs ou vous devenez agressif(ve). Ou vous suivez un régime mais vous n'arrivez plus à le tenir car vous ne pouvez vous empêcher de croquer furieusement dans une grosse part de moelleux au chocolat ou d'autres aliments...

Quels nutriments doit contenir le complément alimentaire adapté ?
– des protéines de lactosérum naturellement riches en tryptophane et en peptides bioactifs naturels (issus de la dégradation enzymatique de l'alpha-lactalbumine et de la bêta-lactoglobuline). Ces peptides possèdent des effets remarquables. Ce sont des actifs puissants sur l'humeur puisqu'ils favorisent la synthèse de sérotonine, mais ils agissent également sur l'inflammation (cette dernière pouvant également être mise en cause dans les déficits sérotoninergiques). Ils offrent aussi l'avantage d'être antioxydants ;
– du magnésium, à la fois cofacteur indispensable à la synthèse de sérotonine et favorisant la détente.

L'info du spécialiste
Le lactosérum est formé d'eau, de lactose, de protéines globulaires solubles et de sels minéraux.
Les protéines de lactosérum comprennent la bêta-lactoglobuline (50 %) et l'alpha-lactalbumine (20 %) ; elles doivent être consommées au goûter et/ou au dîner, en respectant l'équilibre alimentaire indiqué (voir p. 75).
À noter : Les repas durant lesquels vous prenez les protéines de lactosérum doivent être dépourvus de protéines animales, afin qu'il n'y ait pas de compétition entre les acides aminés alimentaires et le tryptophane présent dans le produit.

Face à un déficit possible en dopamine et en noradrénaline
Si vous avez répondu plusieurs fois « 2 » aux questions 1 à 7 du QMS Fonction cerveau (voir p. 71), vous présentez peut-être un déficit en dopamine et en noradrénaline.

Les symptômes sont les suivants : vous vous sentez fatigué(e) le matin, vous avez du mal à sortir du lit, vous êtes surmené(e), démotivé(e) ou vous n'avez envie de rien, vous avez besoin d'excitants (caféine, cigarettes...) le matin pour vous réveiller.

Quels nutriments doit contenir le complément alimentaire adapté ?
– de la tyrosine, un acide aminé précurseur de la dopamine et de la noradrénaline.
Dosage généralement conseillé : 500 à 1 000 mg/jour.

– des vitamines B6, B9, B12 et C, et du cuivre, les cofacteurs primordiaux de la synthèse et du stockage de la dopamine et de la noradrénaline.

L'info du spécialiste
Contrairement au tryptophane, précurseur de la sérotonine, la tyrosine est en quantité abondante dans toutes les protéines.
Les déficits alimentaires peuvent exister chez les petits mangeurs de protéines.
En revanche, la tyrosine dans l'organisme peut être utilisée pour d'autres missions que la fabrication de la dopamine et de la noradrénaline.
C'est le cas notamment chez les personnes soumises à un stress « mal géré ».
Le stress chronique entraîne la sécrétion de cortisol, et ce cortisol récupère la tyrosine pour fabriquer de l'énergie.
Une situation identique existe chez les personnes présentant une insulinorésistance.
Dans ce cas l'organisme a tendance à produire plus d'insuline par le pancréas ; la personne est en « hyperinsulinisme ».
Cet hyperinsulinisme est défavorable pour la récupération de la tyrosine dans le cerveau.
Si vous êtes stressé(e) en permanence, si vous avez des perturbations métaboliques, si vous vous sentez surmené(e), le conseil d'un micronutritionniste vous sera très utile.

Face au besoin de stimuler les fonctions cognitives

Vous avez besoin de stimuler votre mémoire ou votre concentration ? Selon votre âge et votre activité, deux stratégies de complémentation s'offrent à vous.

Vous avez moins de 50 ans

Votre cerveau est très sollicité car vous êtes étudiant(e) ou bien votre travail ou vos activités exigent une activité intellectuelle intense.

Que doit contenir le complément alimentaire adapté ?
- de la choline, un phospholipide précurseur direct de la synthèse de l'acétylcholine. La choline est un composé majeur des membranes neuronales. Elle améliore la mémoire et la concentration ;
- de l'huile de poisson riche en DHA. Le DHA est un oméga-3 qui assure une bonne fluidité des membranes neuronales et participe par conséquent au bon fonctionnement cérébral ;
- du zinc, l'oligoélément le plus concentré dans le cerveau avec le fer. Il participe à nos fonctions d'apprentissage et de mémorisation. Sans oublier qu'il protège notre cerveau de l'oxydation ;
- des vitamines B1, B3 et C, les cofacteurs nécessaires au bon fonctionnement cérébral.

L'info du spécialiste

Il ne faudra pas oublier que la mémoire et la concentration sont dépendantes des catécholamines (dopamine et noradrénaline).
Cela veut dire que les compléments pour stimuler la fonction intellectuelle doivent être pris le matin lors du petit déjeuner.
Ce petit déjeuner sera riche en protéines et pauvre en sucres à index glycémique élevé (voir les conseils nutritionnels p. 73).
Une mémoire de qualité dépend également de la qualité du sommeil. Il est démontré que l'on retient beaucoup mieux les informations apprises le soir, suivi d'un sommeil de qualité. Cela veut dire que toutes les phases du sommeil doivent être respectées, en particulier le sommeil lent profond, mais également le sommeil paradoxal.

C'est pour cela qu'il faut absolument éviter le recours aux somnifères en période de révision d'examen, en cas d'insomnie. Il faudra plutôt suivre les conseils d'hygiène du sommeil, en s'aidant si besoin de produits naturels.

Vous avez plus de 50 ans

Vous souhaitez préserver vos fonctions cognitives et/ou vous avez l'impression que votre mémoire est moins performante.

Quel nutriment doit contenir le complément alimentaire adapté ?
– de la phosphatidylsérine (300 mg), un phospholipide qui stimule la production d'acétylcholine nécessaire aux fonctions de mémorisation. La phosphatidylsérine contribue aussi à la plasticité de notre cerveau et améliore la transmission de l'influx nerveux. On retrouve ce phospholipide à des concentrations élevées dans les neurones où il agit contre le vieillissement physiologique des membranes neuronales et l'affaiblissement des neurotransmissions associées au vieillissement. La phosphatidylsérine n'est présente dans l'alimentation qu'à l'état de traces. C'est pourquoi une complémentation s'avère intéressante pour préserver les fonctions cognitives. La phosphatidylsérine a démontré ses effets positifs sur la mémoire lors d'études d'intervention[1].

L'info du spécialiste
Les personnes de plus de 50 ans présentent fréquemment des problèmes de mémoire. Il est important de ne pas les banaliser ni de les dramatiser.
En effet, ce symptôme peut être le témoin de l'existence d'un oubli bénin, ce qui est le plus courant, mais aussi un symptôme de début de maladie neuro-dégénérative, heureusement beaucoup plus rare. Lorsque le problème de mémoire persiste, cela peut parfois être angoissant, et pour cela les spécialistes de la mémoire ont mis au

---

1. Cenacchi T. et al., « Cognitive decline in the elderly : a double-bind, placebo-controlled multicenter study on efficacy of phosphatidylserine administration », *Aging* (Milano), 1993, 5(2), 123-133.

point quelques tests relativement simples pour qualifier l'origine du trouble.
Parmi ces tests, deux sont utilisés en routine, il s'agit du « test des 5 mots » et du « test de l'horloge ».

Face à des signes de déficit en magnésium
Les symptômes présageant d'un déficit magnésien sont les suivants : vous êtes sensible au moindre bruit, vous vous sentez souvent stressé(e), hyperémotif(ve) ou vous gérez mal votre stress ; vous souffrez de spasmes, de crampes, de sensation de boule dans la gorge, de palpitations ou votre paupière tressaute régulièrement. Malheureusement, il n'existe pas de marqueur biologique fiable pour objectiver la carence magnésienne car le magnésium se trouve à 98 % dans nos cellules (et 1 % seulement dans notre sang[1]). Seuls ces signes cliniques peuvent vous mettre sur la voie.

Remarque : le magnésium a parfois du mal à pénétrer dans la cellule ou à l'inverse s'en trouve trop rapidement éliminé. Deux critères sont donc importants à prendre en compte pour une complémentation efficace :
– la biodisponibilité du magnésium (sa bonne assimilation dans la cellule) ;
– la rétention du magnésium dans la cellule grâce à certains nutriments.

Que doit contenir un complément magnésien efficace ?
– un magnésium peptido-complexé. De fait, il sera parfaitement assimilé tant par la cellule (car il n'existe plus de compétition entre les différents nutriments) que par l'intestin, n'entraînera aucun effet secondaire gênant au niveau digestif – comme c'est souvent le cas pour les magnésiums non complexés – et ses effets positifs se feront sentir rapidement.
Dosage généralement conseillé : 300 mg/jour.

1. Le 1 % restant se trouve dans les espaces intercellulaires, dans les vaisseaux lymphatiques.

– de la taurine et de la vitamine B6 qui optimisent l'incorporation et la fixation du magnésium au cœur de la cellule.
Dosage généralement conseillé en vitamine B6 : 2 mg/jour.

L'info du spécialiste
Les personnes qui manquent régulièrement de magnésium sont souvent soumises à un stress répété. En revanche, on ne pense pas assez souvent aux autres causes de fuite de magnésium, en particulier le déséquilibre acido-basique (voir p. 48) que certains appellent « l'acidose métabolique latente », terme controversé aujourd'hui.

Face aux autres déficits objectivés par la biologie nutritionnelle

Le fer
Afin de dépister un déficit ou une carence en fer (ferritine inférieure à 30 ng/ml), la mesure du taux de ferritine et/ou celle de l'hepcidine s'avèrent les plus efficaces.

Parmi les symptômes pouvant faire suspecter une carence en fer, on trouve : fatigue, pâleur de la peau et des muqueuses, chute de cheveux, palpitations...

Que doit contenir un complément en fer efficace ?
– du cuivre, élément favorisant l'assimilation du fer.
Dosage généralement conseillé : 500 µg/jour.

– du fer issu de la fermentation de levures favorisant son assimilation au niveau intestinal. Le fer sera de cette façon extrêmement bien toléré.
Dosage généralement conseillé : 14 mg/jour.

L'info du spécialiste
Compenser les déficits en fer pose le problème des doses de fer à utiliser. Les traitements habituellement utilisés sont les médicaments à base de sels de fer hautement dosés (80 mg au moins chaque jour). Les médecins utilisant ces produits observent de

fréquentes intolérances (douleurs abdominales) ainsi que l'apparition de selles noires. Ceci entraîne l'abandon du traitement ; ainsi de nombreuses femmes jeunes (avant la ménopause) sont carencées en fer : autour de 25 % selon les études.

De récents travaux ont apporté un éclairage nouveau sur l'assimilation du fer. Les chercheurs de l'équipe de Sophie Vaulont, à Rennes, ont découvert l'existence d'une hormone fabriquée par le foie qui s'appelle l'hepcidine.

Cette hormone régule l'entrée du fer dans l'organisme. Lorsque trop de fer pénètre dans le sang, le foie fabrique de l'hepcidine pour fermer le portillon. Ainsi le fer va rester dans la cellule intestinale, et comme celle-ci a une durée de vie de 5 jours, au bout de 5 jours la cellule pleine de fer est éliminée dans les selles, ce qui les colore en noir.

Lorsque nous utilisons des doses plus faibles (de 14 à 28 mg) nous n'observons pas ces effets secondaires.

Une étude scientifique utilisant 1 ou 2 gélules par jour du Guanylor fer-cuivre pendant 6 mois a montré les résultats suivants :

- une ferritinémie multipliée par 2,3 ;
- une amélioration significative de plusieurs paramètres sanguins.

Ceci confirme la pertinence de l'utilisation des doses physiologiques en cas de déficits.

Les oméga-3 DHA

L'analyse biologique utilisée en micronutrition pour évaluer l'équilibre de nos acides gras s'appelle le profil des acides gras érythrocytaires.

Parmi les symptômes et situations pouvant faire suspecter un déficit en DHA, on trouve : problèmes de mémoire et de concentration, déprime, vulnérabilité aux infections, problèmes de vue (cataracte ou DMLA), grossesse, régimes à répétition... Le DHA participe plus spécifiquement à la fluidité membranaire de nos cellules cérébrales.

Comment bien choisir son complément oméga-3 ?
Il doit être formulé de manière à apporter des oméga-3 à dose physiologique. La qualité de l'huile doit s'avérer irréprochable, c'est-à-dire non polluée et respectant les ressources marines.

L'info du spécialiste
Les compléments à base d'huiles de poisson sont très fragiles, et notamment facilement oxydables.
Cette fragilité est due à la structure chimique des acides gras oméga-3 qui font partie des acides gras poly-insaturés (AGPI).
Ces AGPI sont porteurs de doubles liaisons facilement attaquables par les radicaux libres.
Il est donc préférable d'opter pour un emballage permettant de limiter les échanges avec l'oxygène de l'air. Il faut également faire attention à utiliser une huile de poissons de bonne qualité (indice de peroxydation faible, pauvre en polluants et en métaux lourds) et de préférence issue d'une pêche éco-responsable.

Le zinc, le sélénium et les antioxydants
L'analyse biologique utilisée en micronutrition pour objectiver les déficits en antioxydants s'appelle le bilan nutritionnel et anti-radicalaire.

Parmi les symptômes et situations pouvant faire suspecter un déficit en antioxydants, on trouve : la présence d'infections à répétition (ORL, pulmonaires, urinaires, etc.), des inflammations chroniques (articulaires, musculaires, digestives, etc.), des allergies (rhinites, asthme, eczéma, urticaire, etc.), un vieillissement prématuré de la peau (rides, taches brunes, etc.), des problèmes d'yeux (yeux secs, DMLA, cataracte), le fait de fumer ou de boire de l'alcool, etc.

Que doit contenir un complément alimentaire antioxydant efficace pour la protection de notre cerveau ?
– du zinc. Outre son effet antioxydant pour notre cerveau, il joue un rôle incontournable dans notre santé immunitaire, neurologique,

thyroïdienne et dans notre fertilité. Il intervient dans les processus de la vision, du goût, de l'odorat, ainsi que dans le métabolisme de l'insuline ;
Dosage généralement conseillé : 10 à 30 mg/jour.

– du sélénium. Il protège les membranes de nos cellules contre l'oxydation. Il joue également un rôle essentiel dans le fonctionnement du système immunitaire et de la glande thyroïde. Les compléments en sélénium de qualité devront être issus de levures nourries au sélénium. En effet, cette forme de sélénium organique sera mieux assimilée par l'organisme.
Dosage généralement conseillé : 55 µg/jour.

L'info du spécialiste
Le cerveau est fragilisé par sa composition en graisses, et plus particulièrement par les acides gras insaturés facilement oxydables.
Le zinc et le sélénium sont importants puisque ce sont les deux oligoéléments qui permettent un bon fonctionnement des deux enzymes anti-radicalaires principales, la SOD (Super oxyde dismutase, qui utilise le zinc pour mieux se structurer) et la GPX (Glutathion peroxydase, qui utilise le sélénium).
Une étude publiée en 2007 dans la revue *American Journal of Epidemiology* a montré que le déclin des performances cognitives des personnes âgées était corrélé à une diminution du sélénium dans le sang.
Au-delà du zinc et du sélénium, d'autres ingrédients sont étudiés pour favoriser la protection du cerveau.
Il s'agit notamment de protecteurs antioxydants appartenant à la famille des caroténoïdes comme le lycopène, que l'on retrouve dans les aliments à base de tomates, ou la zéaxanthine, que l'on retrouve notamment dans le chou-fleur, et qui est déjà bien reconnue comme protecteur oculaire (voir p. 172). Actuellement des recherches sont réalisées pour évaluer les effets de la zéaxanthine et du lycopène pour prévenir des maladies neurodégénératives des personnes âgées.

Une équipe de neurologistes du Kentucky s'intéresse de très près aux effets de la quercétine pour protéger les cellules du cerveau contre les effets de la protéine bêta-amyloïde qui provoque la destruction des cellules du cerveau dans la maladie d'Alzheimer.
La quercétine fait partie de la famille des polyphénols ; on la trouve notamment dans les pommes et les oignons.
Peut-être que les recherches sur la quercétine la rendront aussi célèbre que le resvératrol.

L'iode
Afin de mettre en évidence un déficit en iode, il suffit de réaliser une iodurie, une analyse qui se pratique sur les urines.

En cas de déficit en iode
L'iode est indispensable à la fabrication des hormones thyroïdiennes, qui jouent un rôle majeur dans le développement du système nerveux.
Dosage généralement conseillé : 150 µg/jour.

L'info du spécialiste
L'iode est essentiellement connu pour son rôle déterminant dans la fonction thyroïdienne. Les propriétés de l'iode pour se protéger contre les radicaux libres sont de connaissance plus récente.
Ainsi nous savons que les algues laminaires, lorsqu'elles sont agressées par le soleil, relâchent d'importantes quantités d'iode dans l'atmosphère ; l'iode permet de détoxifier l'ozone, contribuant à la condensation de molécules d'eau qui formeront les nuages protecteurs.
L'iode et les algues sont de véritables protecteurs de l'environnement.

En cas de foie paresseux
Il peut s'avérer important de soutenir son foie, en particulier si l'on présente des signes de déficit en sérotonine. En effet, lorsque les processus de détoxication sont dépassés, le tryptophane peut être détourné pour se transformer en vitamine B3 et non plus en séroto-

nine. Dans ces conditions, la vitamine B3 permettra une meilleure détoxication hépatique au détriment de nos capacités à élaborer la sérotonine.

Parmis les symptômes et situations pouvant faire suspecter un foie paresseux, on trouve : fatigue et lourdeur après les repas, écœurement matinal, haleine chargée le matin, effets secondaires lors de la prise de médicaments, difficultés à supporter l'alcool ou la caféine même s'ils sont consommés en petite quantité, intolérance aux parfums, sensation d'avoir l'esprit embrumé...

Que doit contenir un complément alimentaire spécifique de la détoxication hépatique ?
– du curcuma, qui présente le triple avantage d'être puissamment anti-inflammatoire, antioxydant et hépato-protecteur ;
– un extrait de poivre noir (pipérine), afin d'optimiser l'assimilation de la curcumine qui est le principe actif contenu dans le curcuma.

L'info du spécialiste
Certaines plantes sont particulièrement indiquées en complément du curcuma pour favoriser la détoxication hépatique ; parmi celles-ci, on peut retenir :
– la feuille d'artichaut ;
– le radis noir ;
– le desmodium.

En cas d'hyperglycémie chronique (diabète de type 2)
Il est primordial de considérer ce facteur lorsque l'on souhaite s'occuper parfaitement de notre cerveau. Effectivement, l'état d'hyperglycémie – que l'on peut rencontrer chez les personnes souffrant de diabète ou chez celles consommant beaucoup de sucreries ou de glucides en général – entraîne un état d'oxydation extrême au niveau cérébral. On appelle ce phénomène hautement préjudiciable pour la santé de notre cerveau la « glycation » ou encore « réaction de Maillard ». Il s'agit, dans ce cas, purement et simplement de la caramélisation de nos protéines.

En pratique, on fait doser l'hémoglobine glyquée (HbA1c), un marqueur de l'hyperglycémie, dans le cadre de la surveillance du diabète.

Que doit contenir un complément alimentaire spécifique des troubles de la glycémie ?
- un extrait de cannelle. La présence de cannelle offre deux avantages. D'une part, elle fait partie des épices les plus antioxydantes (indice ORAC très élevé, voir p. 159) et donc les plus protectrices trouvées dans l'alimentation. D'autre part, les composés antioxydants qu'elle contient permettent de diminuer de façon significative la concentration de glucose dans le sang ;
- du chrome, un oligoélément apte à équilibrer la glycémie.
Dosage généralement conseillé : 20 à 120 µg/jour.

- de la L-carnosine. Il s'agit d'une substance naturellement présente dans le cerveau et les neurones. Elle joue un rôle important dans la neurotransmission et permet de lutter efficacement contre les phénomènes de glycation. Elle réduit les dommages cellulaires induits par la protéine bêta-amyloïde, une substance impliquée dans les dégénérescences cérébrales comme la maladie d'Alzheimer, et serait aussi performante dans les problèmes de cataracte...
Voir aussi « Ma protection cellulaire s'est mise en congés » p. 149.

L'info du spécialiste
Les effets délétères de l'augmentation du sucre dans le sang sont bien connus : la toxicité du sucre entraîne les complications du diabète de type 2 comme les problèmes oculaires, vasculaires, et neurologiques. C'est pour cela que l'examen le plus important pour suivre l'évolution d'un diabétique est le dosage de l'hémoglobine glyquée.

La phytothérapie du cerveau

Lors d'une consultation en micronutrition, certaines plantes pourront également vous être conseillées. Elles viendront compléter, personnaliser et optimiser l'action des compléments alimentaires ainsi que des conseils nutritionnels associés.

En voici quelques-unes :

– pour un déficit en sérotonine, le choix se portera sur le *Griffonia simplicifolia* ;

– pour un déficit en dopamine et noradrénaline, il s'agira plutôt du *Mucuna Pruriens* ;

– pour un déficit à la fois dopaminergique et sérotoninergique, on tablera davantage sur le millepertuis, la rhodiole ou le ginseng ;

– pour les troubles de la mémoire, les plantes choisies pourront être le ginkgo biloba et/ou le ginseng et/ou le guarana en fonction des cas ;

– pour différents troubles associés, il sera également possible de proposer d'autres plantes spécialisées. Par exemple, l'eschscholtzia et/ou la valériane montreront leur efficacité dans les troubles du sommeil ; l'aubépine et/ou la passiflore seront, quant à elles, préférentiellement indiquées dans les troubles anxieux.

Conclusion intermédiaire

Pour bien nourrir son cerveau, nous avons vu que nous devions consommer certains acides aminés essentiels au bon moment et dans une ambiance nutritionnelle adéquate. Le but recherché sera une optimisation de la fabrication de nos neurotransmetteurs. Afin de réussir cette fabrication, nous devrons également fournir les cofacteurs nécessaires en consommant suffisamment de fer, de magnésium, de vitamines B et de zinc.

Pour que notre cerveau tourne à plein régime, il faudra lui apporter de l'énergie en lui fournissant la bonne proportion et les bons glucides, son carburant privilégié. Certaines graisses (oméga-3, EPA, DHA et phospholipides) seront, quant à elles, les garants d'une excellente qualité membranaire potentialisant toutes les fonctions de notre cerveau. Enfin, pour éviter que ces graisses cérébrales s'oxydent et se détériorent, nous devrons les protéger. Les seuls éléments capables d'assurer cette protection sont les antioxydants. Parmi les plus importants, on retrouve le zinc et le sélénium fournis par certains aliments, voire par la complémentation en cas de carences.

Mais ce n'est pas tout ! En effet, il arrive que malgré des apports satisfaisants de ces micronutriments, des déficiences persistent. À ce moment-là, nous pouvons suspecter des troubles au niveau de notre intestin. Insistons sur ce point capital car c'est bel et bien par l'intermédiaire de l'intestin que se produit la transformation des protéines en peptides puis en acides aminés, précurseurs de nos fameux neurotransmetteurs. C'est aussi dans l'intestin que l'on assimile tous les nutriments. Or, s'il existe un déséquilibre à ce niveau, il sera impossible de tirer le meilleur parti des nutriments et micronutriments que nous avalons. Par exemple (et il ne s'agit là que d'un exemple parmi tant d'autres), chez un sujet souffrant de constipation chronique, une partie du tryptophane disponible dans l'intestin sera transformée en Indican, une molécule non assimilable par l'organisme. De ce fait, cet acide aminé ne sera plus disponible pour la fabrication de la sérotonine.

D'autre part, n'avez-vous jamais entendu dire que l'intestin était notre « deuxième cerveau » ? Savez-vous pourquoi ? C'est parce que l'intestin compte 100 millions de neurones (autant que la moelle épinière) et qu'il élabore vingt neuromédiateurs, dont 90 % de la sérotonine de l'organisme. Sur dix échanges entre le cerveau et l'intestin, un va du cerveau à l'intestin alors que neuf vont de l'intestin au cerveau. Ce phénomène explique que les souffrances psycho-émotionnelles affectent, certes, le système digestif mais que les pathologies du système digestif perturbent aussi grandement notre humeur et nos comportements. Dès lors, vous comprenez à quel point il est fondamental de prendre soin de son intestin si l'on veut que son cerveau reste « au top ».

C'est ce que nous allons découvrir sans plus tarder dans le chapitre qui suit.

Mon intestin est en colère

Si votre intestin est furieux, ne lui en voulez pas trop, il a certainement de bonnes raisons ! Offrez-lui sans tarder les friandises qu'il adore, cette délicate attention pourrait calmer son ardente irritabilité.

Évaluez votre interface digestive

Pour les réponses en 0-1-2 : si la réponse est jamais, entourez le 0 ; si la réponse est parfois, entourez le 1 ; si la réponse est souvent, entourez le 2. Pour les réponses en 0-2 : 0 = non et 2 = oui.

QMS / Interface digestive

1. Je ressens des brûlures d'estomac ou j'ai des reflux acides. 0 - 1 - 2
2. J'ai fait un ulcère ou j'ai été traité(e) pour Helicobacter Pylori. 0 - 2
3. Après avoir mangé, je ressens de la fatigue, des lourdeurs, l'envie de dormir. 0 - 1 - 2
4. J'ai des nausées ou je me sens écœuré(e) ou j'ai mauvaise haleine ou j'ai la langue chargée. 0 - 1 - 2
5. J'ai des migraines. 0 - 1 - 2
6. J'ai une digestion lente, en particulier avec le gras, l'alcool. 0 - 1 - 2

7. J'ai des selles molles, plutôt collantes. 0 - 1 - 2
8. Je présente des douleurs abdominales ou un inconfort abdominal. 0 - 1 - 2
9. Je suis constipé(e). 0 - 1 - 2
10. J'ai des diarrhées ou je présente des alternances diarrhée/constipation. 0 - 1 - 2
11. J'ai des ballonnements juste après avoir mangé. 0 - 1 - 2
12. J'ai des ballonnements importants en fin de journée. 0 - 1 - 2
13. Je ne tolère pas certains aliments. 0 - 1 - 2
14. Je suis allergique à certains aliments. 0 - 1 - 2
15. Je fais des gastroentérites. 0 - 1 - 2
16. J'ai des problèmes de mycoses (champignons), au niveau digestif, cutané, génital. 0 - 1 - 2
17. Je ressens des démangeaisons anales ou je me fais traiter pour des parasites. 0 - 1 - 2
18. J'ai une maladie inflammatoire du tube digestif (RCH, Crohn, maladie coeliaque). 0 - 2
19. Je prends des médicaments pour mes problèmes digestifs. 0 - 2
20. Je prends des antibiotiques ou des anti-inflammatoires. 0 - 1 - 2

SCORE TOTAL Interface digestive ....../40

Cotation :
0 : 0 point
1 : 1 point
2 : 2 points

Interprétation des scores :
Perturbation faible : score de 0 à 9
Perturbation moyenne : score de 10 à 19
Perturbation forte : score de 20 à 29
Perturbation très forte : score de 30 à 40

Comment je nourris mon écosystème intestinal

Pour satisfaire l'appétit de notre écosystème intestinal, nous allons insister dans un premier temps sur la meilleure façon d'alimenter favorablement les 100 000 milliards de bactéries de notre microbiote, puis dans un second temps sur celle de subvenir aux besoins des 300 m^2 de notre muqueuse intestinale.

Le microbiote

En consommant des aliments qui contiennent naturellement des probiotiques et des prébiotiques. Ces deux types de micronutriments sont effectivement capables de moduler de manière bénéfique notre microbiote.

■ Les probiotiques

Les probiotiques sont des bactéries vivantes qui permettent de restaurer les propriétés de la flore intestinale et contribuent à empêcher la prolifération de germes indésirables.

Les bénéfices des probiotiques

- ils enrichissent notre microbiote en nous apportant leurs propres souches ;
- ils rétablissent rapidement un microbiote sain déséquilibré par une antibiothérapie par exemple ;
- ils inhibent la prolifération de microbes pathogènes et de candida Albicans (mycoses) ;
- ils améliorent le métabolisme du cholestérol ;
- ils synthétisent des vitamines : B2, B8, B9 et K ;
- ils optimisent les fonctions immunitaires ;
- ils améliorent la constipation chronique et préviennent les diarrhées (post antibiothérapie, du voyageur, rotavirus, gastroentérites) ;

- ils améliorent la digestion et la tolérance au lactose ;
- ils améliorent la détoxication des xénobiotiques (médicaments, pollution, hormones, métaux lourds...) ;
- ils produisent des substances antibiotiques naturelles.

Remarque : ajoutons cependant que ces différents effets sont souches et doses dépendants. Cela signifie que c'est la souche qui va déterminer la fonction et la spécificité d'une bactérie donnée. Ainsi, certaines souches auront plutôt une efficacité sur la constipation alors que d'autres agiront davantage sur les problèmes de diarrhées, d'autres auront un effet sur l'inflammation ou seront plus à même de stimuler notre immunité... L'ingestion d'une quantité suffisante de probiotiques sera également recommandée pour en attendre des bénéfices sur la santé (OMS 2001[1]). On estime qu'il faut apporter une quantité minimale de 5 à 10 milliards de bactéries vivantes par prise pour garantir un effet bénéfique.

Les principales sources de probiotiques

Dans notre assiette, nous trouvons principalement des probiotiques dans les laits et boissons fermentés.

Le lait ribot en France (Bretagne), elben ou laban au Maghreb, ighi en Kabylie, lassi en Inde, buttermilch en Allemagne, buttermilk aux États-Unis et en Grande-Bretagne, etc. Chaque pays possède sa spécialité de lait fermenté. On trouve ces laits au supermarché ou dans les épiceries, à côté du lait frais. Côté goût, ils ressemblent à s'y méprendre au yaourt à boire nature, mais en plus liquide, plus onctueux et acidulé. Ensemencés avec des souches différentes de celles du yaourt, ils permettent de réaliser une kyrielle de préparations culinaires à la saveur unique : à tester absolument !

1. *Report of a joint FAD/WHO expert consultation on evaluation of health and nutritional properties of probiotics in food including powder milk with live lactic acid bacteria*, octobre 2011.

Quelques idées

Version sucrée, on pourra intégrer le lait ribot dans toutes les préparations pour pâtisserie (muffins, gâteaux, crêpes, clafoutis, etc.). On réalisera aussi de savoureux smoothies ou sorbets en y incorporant des fruits (fraises, myrtilles, framboises, mûres, citrons, fruits exotiques, etc.).
Version salée, on utilisera ce lait un peu comme de la crème fraîche, aromatisé de ciboulette ou d'aneth pour arroser généreusement des pommes de terre cuites en robe des champs et servies avec de la truite, du saumon ou du hareng fumés. Il sera également possible de l'utiliser relevé d'épices (curry, coriandre, cumin, curcuma, etc.) pour faire mariner du poulet, du poisson, des crustacés. Le résultat : une chair tendre à souhait !

Le kéfir (ou képhir) est également une boisson issue de la fermentation du lait qui peut aussi être obtenue à partir de fruits sucrés. Riches en de nombreuses espèces probiotiques (une trentaine en moyenne, suivant la provenance des grains servant à la fermentation), cette préparation se montre légèrement gazeuse et acidulée.

Où peut-on se procurer des grains de kéfir ?

En France, il est facile de trouver du kéfir en pharmacie ou en magasin diététique sous forme de poudre très purifiée (Laboratoire Yalacta) qui servira à préparer des yaourts ou des jus de fruits fermentés. Toutefois, cette poudre ne permettra pas la multiplication des grains de kéfir, et le produit obtenu ne pourra pas servir à réensemencer d'autres préparations. De véritables grains peuvent parfois se trouver sur les marchés biologiques à un prix très abordable mais ce n'est pas un produit courant. La méthode la plus sûre reste d'en échanger avec des particuliers via les forums sur Internet. Le kéfir bien emballé peut se conserver quelques jours, et donc s'envoyer par la poste sans problème. Enfin, on trouve en magasin bio du kéfir de lait prêt à l'emploi et présenté en pot de verre à la manière d'un yaourt.

Les yaourts s'intègrent facilement à nos menus quotidiens. On aime, par exemple, les déguster comme dessert pour conclure agréablement nos repas ou lors d'un petit creux. Lorsqu'ils contiennent des probiotiques en quantité suffisante, ils se montrent particulièrement utiles pour maintenir une flore intestinale saine. Suivant les souches apportées, ils pourront stimuler nos défenses immunitaires et/ou amélioreront notre confort digestif.

Certains spécialistes pensent que les yaourts du commerce ne sont malheureusement pas suffisamment riches en bactéries pour être efficaces. À ce titre, il serait préférable de les réaliser soi-même ou d'acheter des yaourts de qualité.

Retrouvez la recette du milk-shake banana fraises p. 311.

Ma sélection yaourts santé

K-Philus

Le K-Philus est un lait fermenté contenant plus de 56 milliards de bactéries vivantes pour 125 ml. Pauvre en lactose, du fait de sa concentration importante en bactéries permettant sa fermentation quasi complète, il a été créé sur la base des recherches de Marguerite Klein-Lecat (ingénieure spécialisée dans le lait), du Professeur Thieulin et du Professeur Casalis. Le K-Philus apporte une souche (gardée secrète) importante pour notre microbiote : l'acidophilus. Il est conçu à partir de lait de vache pasteurisé, à basse température, de très haute qualité provenant de vaches en bonne santé et nourries de façon équilibrée et variée.

Fermentine

Fermentine est une préparation pour laits fermentés, à confectionner très facilement chez soi.

Avec un pot de Fermentine, vous bénéficiez de :

– 7 g de protéines facilement assimilables (grâce à l'hydrolyse partielle engendrée par la grande quantité de bactéries lactiques) pour favoriser le maintien de la masse musculaire ;

– 3 ferments lactiques concentrés à 100 milliards (un yaourt classique en apporte environ 10 millions par gramme) ;
– vitamine D correspondant à 25 % des apports journaliers recommandés. La vitamine D joue un rôle important dans le bon fonctionnement de l'immunité et potentialise l'assimilation du calcium, indispensable à la constitution du capital osseux ;
– fibres alimentaires (inuline de chicorée, voir p. 127), qui permettent d'améliorer la qualité du microbiote.
Pour les personnes qui digèrent mal le lactose, la présence d'une grande concentration de bactéries dans Fermentine permet d'obtenir une meilleure fermentation du lactose, ce qui facilite la tolérance.

Les yaourts faits maison
Vous trouverez dans le commerce une kyrielle de ferments pour réaliser d'excellents yaourts maison riches en probiotiques et permettant un ensemencement optimal de votre microbiote. Deux souches sont incontournables pour leur confection. Il s'agit du *streptococcus thermophilus* et du *lactobacillus bulgaricus*.
La présence de ces deux souches permet de donner le label de yaourt à un lait fermenté. Si une de ces souches est absente, ou si en plus d'elles, il y a une ou plusieurs autres souches, on n'appelle plus cela un yaourt, mais un lait fermenté. Le *L. bulgaricus* permet d'acidifier le milieu en transformant le lactose en acide lactique et le *S. thermophilus* se charge d'élaborer des substances aromatiques conférant au yaourt ses caractéristiques gustatives. Lorsque l'on ajoute au lait d'autres types de ferments (bifidobactéries, *lacto bacillus acidophilus, lactobacillus plantarum, acidophilus,* etc.), l'allégation « yaourt » ne peut plus être appliquée, on parlera à ce moment-là de laits fermentés (comme c'est le cas pour K-Philus et Fermentine précédemment présentés).

Le saviez-vous ?

C'est Metchnikoff, à la fin du XIXe siècle, qui fut à l'origine de la découverte des effets positifs du yaourt sur les désordres intestinaux des nourrissons. On attribuait jusque-là au yaourt la longévité des montagnards du Caucase et des Balkans. Metchnikoff était russe et il fut l'un des disciples de Pasteur. Il a été Prix Nobel en 1908.

Quelques idées pour la préparation de yaourts et de laits fermentés à partir des ferments NAT-ALI® (mention AB) :

– Ferments pour la confection de yaourts nature (*S. thermophilus, L. bulgaricus*). Pour la version fruitée, 5 arômes naturels au choix ont été ajoutés aux ferments : vanille, framboise, abricot, fraise, citron.

– Ferments pour la confection de laits fermentés au bifidus (*S. thermophilus, L. bulgaricus, Bifidobacterium lactis*). Le bifidus est connu pour renforcer l'immunité et pour faciliter le transit. l'Afssa (Agence française de sécurité sanitaire des aliments) a notamment mentionné l'intérêt de la souche bifidus actif *essensis* sur ce dernier paramètre. De plus, un bifide comme BB12 a montré son efficacité sur le système immunitaire.

Le truc en plus

Afin de potentialiser les bénéfices de vos yaourts maison, ajoutez dans votre mélange lait-ferments 1 à 2 sachets de prébiotiques (voir p. 127) que vous trouverez en pharmacie.

Quelques autres aliments contenant des probiotiques

La choucroute ainsi que les légumes ou les jus de légumes lacto-fermentés

La choucroute est un véritable aliment santé. La fermentation du chou blanc ou d'autres légumes renforce la présence d'acides aminés et de vitamines du groupe B. De plus, il s'y développe des lacto-bactéries, similaires à celles du yaourt, qui colonisent positivement notre intestin. C'est pourquoi ce type d'aliment est hautement digeste. Pensez à manger de la choucroute crue en salade ou

buvez des jus de légumes lacto-fermentés. Ces derniers se trouvent aisément en magasin diététique.
Retrouvez la recette de la choucroute au saumon p. 293.

Le miso
Il s'agit d'une pâte de soja qui peut contenir aussi du riz ou de l'orge. Il renferme de nombreuses bactéries amies pour notre flore intestinale. Il fait partie de l'alimentation quotidienne des habitants d'Okinawa, au Japon (cette population possède le record mondial de longévité et de bonne santé !). En cuisine, vous pouvez vous servir du miso comme d'un condiment. Il s'intègre facilement dans les assaisonnements pour salade, dans les soupes, les sauces et les plats cuisinés. Pensez simplement à l'ajouter en fin de cuisson afin qu'il ne cuise pas et ne perde ses propriétés spécifiques. Évitez de le consommer en grande quantité car il s'agit d'un aliment très salé. Vous trouverez le miso en magasin biologique.
Retrouvez la recette de la sauce miso p. 274.

Le tempeh
Il s'agit d'un aliment d'origine indonésienne à base de graines de soja cuites et fermentées à l'aide de bactéries lactiques et d'une moisissure, *Rhizopus oligosporus*. C'est grâce à cette transformation que le tempeh est si riche en vitamines B. Le tempeh est également riche en protéines, davantage que le tofu. Comme ce dernier, il est plus savoureux mariné ou aromatisé avec de l'ail, du gingembre frais, des aromates... Le tempeh peut être ajouté aux soupes, sauces, farces, sandwichs, salades composées...

Les prébiotiques
Afin de bien nourrir notre microbiote, il est judicieux de consommer aussi des aliments contenant des prébiotiques. En effet, les prébiotiques sont des fibres qui stimulent, au niveau de notre côlon, la multiplication ou l'activité de certaines bactéries « amies » susceptibles d'améliorer le fonctionnement du microbiote. En clair, les prébiotiques constituent la nourriture favorite des bonnes bacté-

ries du côlon et vont leur permettre de se développer de manière optimale.

Mais attention, n'est pas prébiotique qui veut ! Méfiez-vous des contrefaçons car toutes les fibres ne sont pas des prébiotiques. Pour être dignes de ce nom, ces dernières doivent répondre obligatoirement à quatre critères :
- ne pas être digérées dans la partie supérieure de notre intestin ;
- être sélectivement fermentées par les bonnes bactéries de notre côlon ;
- modifier positivement la composition du microbiote ;
- induire des effets bénéfiques sur la santé.

Ne laissons plus durer le suspense... Les prébiotiques les mieux étudiés se nomment les fructanes. Elles regroupent les fructo-oligosaccharides (FOS) et l'inuline.

Les bénéfices des prébiotiques
- ils stimulent la croissance des souches bénéfiques du microbiote ;
- ils augmentent le nombre des bifido et de certaines lacto-bactéries comme le *Lactobacillus*. On parle d'effet bifidogène.
- ils améliorent le transit : c'est l'effet « bulking » (augmentation du volume des selles) ;
- leur action est prometteuse contre l'inflammation des MICI (maladies inflammatoires chroniques de l'intestin) : Crohn, recto-colite hémorragique, et sur l'obésité ;
- ils diminuent la perméabilité de la paroi intestinale ;
- ils augmentent l'absorption du calcium et du magnésium ;
- ils ont des effets positifs sur la régulation de la glycémie et la réduction des taux de lipides sanguins (cholestérol et triglycérides) ;
- ils ont un effet satiétogène.

Où trouver les prébiotiques dans notre assiette ?
Inulinez-vous... mais pas trop vite ! Il est conseillé de consommer de 5 à 10 g de fructanes/jour afin de profiter de leurs bienfaits.

Toutefois, les fructanes étant des fibres très fermentescibles, elles ont tendance à faire ballonner, surtout si l'on n'est pas habitué à en consommer régulièrement. Ainsi, si vous êtes sensible, introduisez ces aliments petit à petit et avec parcimonie. Gare à la méga ventrée de topinambours qui risquerait bien de vous faire décoller !

Retrouvez la recette du velouté de topinambours p. 280.

Aliments	**Teneur en inuline (g)**	**Teneur en FOS (g)**	**Teneur en fructanes (g)**
Banane peu mûre (150 g)	0,75	0,75	1,5
Asperge (100 g)	2,5	2,5	5
Pissenlit (40 g)	5,4	4,32	9,72
Ail (1,5 g)	0,18	0,1	0,28
Cœur d'artichaut (125 g)	5,5	0,5	6
Topinambour (200 g)	36	27	63
Poireau (100 g)	6,5	5,2	11,7
Oignon (60 g)	1,8	1,8	3,6
Salsifis (100 g)	4 à 11	0	0
Seigle (1 tranche = 30 g)	0,27	0,21	0,45

Le sirop de yacon, encore méconnu

Le sirop de yacon, d'aspect sirupeux comme le caramel, est extrait d'un tubercule péruvien. Riche en potassium et en antioxydants, il est composé de fructo-oligosaccharide tant plébiscité. Ce sirop ne provoquant pas de pics d'insuline et au pouvoir sucrant élevé sera à utiliser comme édulcorant à la place du sucre. Malheureusement, pour le moment, il n'est pas facile de s'en procurer y compris en boutique bio ou sur Internet…
25 g de sirop de yacon = 150 g de sucre.

La muqueuse intestinale

Des aliments contenant de la glutamine

La glutamine ou L-glutamine est l'acide aminé retrouvé le plus abondamment dans le sang et dans les muscles. Elle joue un rôle dans la synthèse des protéines, la protection immunitaire et sert aussi à la fabrication de glucosamine endogène, une substance importante qui participe à la réparation des cartilages et des tendons. Elle s'avère particulièrement utile pour assurer le bon fonctionnement des tissus et des muqueuses. Substrat privilégié des cellules de l'intestin grêle, elle contribue à maintenir intègre la paroi intestinale et permet d'assurer sa perméabilité. Certaines situations peuvent faire chuter son taux, comme un stress important, des brûlures graves, des traumatismes, une intervention chirurgicale, un surentraînement chez les sportifs, une maladie, un accident...

La glutamine étant plus abondante dans les protéines d'origine animale, il convient de conseiller la consommation quotidienne d'un peu de viande, de poisson, d'œufs, de produits de la mer. Toutefois, certains produits végétaux en contiennent de petites quantités : oléagineux (noix, noisettes, amandes...), légumineuses (lentilles, haricots secs, pois...), épinards, persil cru, gelée royale, pollen, miso.

Il faut savoir que 90 % de la glutamine apportée par l'alimentation sont utilisés par l'intestin, à la fois pour la nutrition des entérocytes et pour le système immunitaire intestinal.

Des aliments riches en polyamines

Certains aliments ont la particularité de contenir des quantités intéressantes de substances appelées polyamines (spermines). Ces dernières favorisent la réparation et la cicatrisation de la muqueuse intestinale. Les polyamines induisent également la maturation du foie, du pancréas et de l'immunité. Enfin, elles jouent un rôle préventif dans les allergies alimentaires.

On les trouvera dans les petits pois, les lentilles, les champignons et la volaille (notamment dans le poulet).

Les amidons font de la résistance !

Certains aliments contiennent un composé appelé amidon résistant, qui présente les mêmes caractéristiques que les fibres alimentaires. Non assimilé par l'intestin, celui-ci se retrouve intact dans le côlon. Cet amidon sera alors fermenté par notre microbiote et transformé en acide butyrique. Or, cette substance aurait l'avantage d'améliorer la perméabilité de l'intestin et d'en réduire l'inflammation. Des chercheurs ont également observé que l'amidon résistant avait la capacité de diminuer la glycémie (taux de sucre dans le sang) et d'améliorer la sensibilité à l'insuline. **Les aliments qui contiennent des amidons résistants sont les suivants :** bananes crues peu mûres, bananes plantains, haricots blancs, lentilles, pois chiches, pain de seigle, pommes de terre cuites et refroidies (en salade par exemple), riz et spaghettis refroidis, champignons, châtaigne, orge, sarrasin.

Pour une muqueuse « au top », n'oublions pas les oméga-3 !
Étant donné que les oméga-3 jouent un rôle déterminant sur la qualité de nos membranes, il paraît logique de les conseiller afin d'assurer l'intégrité optimale de la muqueuse intestinale. Pour savoir comment les choisir et équilibrer leur consommation, rendez-vous au chapitre : « Ma communication cellulaire ne passe plus » p. 187.

Quelques aliments qui soutiennent la digestion et assainissent l'intestin

Épices, herbes aromatiques et condiments

Utilisez les aromates sans restriction dans vos préparations ! Certains sont à privilégier si vous souffrez de problèmes digestifs car ils possèdent la propriété de stimuler nos enzymes : cumin, noix de muscade, cardamome, clous de girofle, gingembre frais, fenouil, cannelle, ail, romarin, origan, curry, basilic, thym, sarriette, aneth, coriandre, sauge, lavande, mélisse... tous ces aromates sont réellement efficaces contre les germes pathogènes de l'intestin. L'ail, par exemple, possède des propriétés antimycosiques remarquables : on conseille d'en consommer 2 gousses fraîches et écrasées chaque jour afin de profiter de ses vertus pour la santé.

En outre, l'utilisation de toutes ces plantes aromatiques vous permettra de manger moins salé, de consommer davantage de potassium et d'augmenter votre consommation en antioxydants. Choisissez-les, autant que faire se peut, issues de l'agriculture biologique en raison de leur faculté à concentrer les pesticides. S'il s'agit d'herbes aromatiques, achetez-les fraîches ou, mieux encore, faites-les pousser dans votre jardin ou sur votre balcon.

Par contre, évitez une consommation excessive de poivre, de piment, de paprika ou d'épices fortes. En effet, ceux-ci peuvent générer une inflammation délétère pour l'intégrité de la muqueuse intestinale.

Retrouvez la recette de la tisane digestive p. 312.

Les aliments « au top » pour notre intestin

1/ Pour notre microbiote

Les aliments riches en probiotiques

– laits fermentés et yaourts riches en probiotiques : quotidiennement ;

– légumes lacto-fermentés (choucroute) : 1 fois/semaine ;
– miso et tempeh : à intégrer dans vos menus aussi souvent que vous le souhaitez.

Ces aliments nous apportent différentes souches de bactéries « amies » nécessaires pour renforcer les propriétés de notre microbiote personnel : ils potentialisent notre immunité et nos défenses contre les composés indésirables présents dans notre intestin (« mauvaises » bactéries, virus, germes, mycoses, parasites...), et équilibrent notre transit.

Les aliments riches en prébiotiques

– bananes peu mûres, salsifis, poireaux, cœurs d'artichaut, asperges, topinambours, cardons, oignons, ail, pissenlits, seigle... : quotidiennement.

Tentez de parvenir progressivement à une consommation de 5 g à 10 g de fructanes/jour (voir tableau p. 129).

Ces aliments nous apportent des fructanes, indispensables au développement des bactéries « amies » de notre côlon. Ces dernières possèdent en outre des propriétés anti-inflammatoires, régulent notre appétit et notre glycémie et nous permettent de mieux assimiler les minéraux (magnésium et calcium).

2/ Pour notre muqueuse intestinale

Les aliments riches en glutamine

– viande, poisson, œufs, produits de la mer, oléagineux (noix, noisettes, amandes...), légumineuses (lentilles, haricots secs, pois...), épinards, persil cru, gelée royale, pollen, miso ;

On compte 2 portions/jour de viande ou poisson ou produits de la mer ou œufs.

– une petite poignée d'oléagineux à grignoter en cas de petits creux ou à intégrer dans les mueslis ou les crudités ;

– légumes secs, au moins 3 fois/semaine.

Ces aliments nous permettent de bénéficier de l'acide aminé glutamine, nutriment indispensable à la cicatrisation de la muqueuse intestinale et à l'immunité.

Les aliments riches en polyamines

– petits pois, lentilles, champignons et volaille (notamment poulet).

Les aliments contenant des polyamines (spermines) ont la particularité de favoriser la réparation et la cicatrisation de la muqueuse intestinale.

Les aliments riches en amidons résistants

– bananes crues peu mûres, bananes plantains, haricots blancs, lentilles, pois chiches, pain de seigle, pommes de terre cuites et refroidies (en salade par exemple), riz et spaghettis refroidis, champignons, châtaigne, orge, sarrasin.

Les amidons résistants permettent d'améliorer la perméabilité de l'intestin et d'en réduire l'inflammation. Ils auraient également la capacité de diminuer la glycémie (taux de sucre dans le sang) et d'améliorer la sensibilité à l'insuline.

Les aliments riches en oméga-3

– huile de colza, de noix, de cameline, graines de lin : quotidiennement pour l'assaisonnement des crudités ou des légumes ;

– poissons gras : saumon, maquereau, sardines, hareng : environ 400 g/semaine. Voir « Ma communication cellulaire ne passe plus » p. 187.

Toutes les membranes des cellules de notre organisme doivent contenir suffisamment d'oméga-3 pour bien fonctionner. Il en est de même pour les membranes des cellules de notre intestin, à qui ils permettront une bonne étanchéité.

Une journée pour...

Tous ces conseils vous paraissent fastidieux à suivre ? Pas de panique, voici le menu d'une journée type pour chouchouter votre intestin !

Petit déjeuner
- 1 boisson chaude au choix (café, thé, tisane...), de préférence sans sucre ajouté ;
- du pain aux céréales ou de seigle avec un peu de beurre, ou des céréales complètes de type flocons d'avoine ou muesli ;
- œuf(s) (fermiers ou aux oméga-3), jambon, fromage ou rôti ;
- 1 fruit frais de saison ;
- 1 yaourt riche en probiotiques de type lait fermenté.

Les plus
- apport de souches probiotiques, bonnes pour la flore intestinale, avec le lait fermenté ;
- apport d'amidons résistants et de polyamines, utiles pour maintenir l'intégrité de la muqueuse intestinale, avec le pain de seigle et les céréales complètes ;
- apport de glutamine, importante pour la muqueuse intestinale et l'immunité, avec les œufs, le jambon...

En-cas et goûters
- 1 banane peu mûre + 1 pot de lait fermenté ou 1 milk-shake banana fraises (voir recette p. 311) ;
- 1 petite poignée d'amandes, noix ou noisettes au naturel ;
- 1 tisane.

Les plus
- apport de souches probiotiques, pour l'équilibre de la flore intestinale, avec le milk-shake ou le lait fermenté ;
- apport de glutamine, pour l'équilibre de la muqueuse intestinale et de l'immunité, avec les amandes, noix et noisettes ;
- apport de fructanes (inuline et FOS), avec la banane peu mûre ou le milk-shake banana fraises.

Déjeuner et dîner
- 1 crudité assaisonnée avec une sauce à base d'huile d'olive et de colza + vinaigre + ail ou oignon frais, ou 1 potage (réalisé avec des poireaux ou des topinambours, voir recette p. 280) ;
- féculents : riz, pâtes, quinoa, sarrasin (blé noir), châtaignes, pommes de terre
et/ou légumes secs (lentilles, pois chiches, haricots, pois cassés, flageolets...) ;
- éventuellement du pain de seigle ;
- viande ou poisson (pensez au poisson gras : saumon, sardines, maquereaux, hareng, riches en oméga-3) ou fruits de mer ou œufs fermiers (ou aux oméga-3, labellisés Bleu-Blanc-Cœur) ;
- éventuellement des légumes cuits : salsifis, poireaux, cœurs d'artichaut, asperges, topinambours, cardons, champignons, petits pois, choucroute... ;
- 1 fruit et/ou 1 yaourt riche en probiotiques.

Les plus
- apports optimisés en fructanes (inuline et FOS), indispensables au développement de nos bactéries « amies », avec la consommation de : poireaux, ail, oignons, topinambours, cardons, salsifis, asperges, cœurs d'artichaut, pain de seigle ;
- apports optimisés en glutamine, indispensable à l'étanchéité de la muqueuse de l'intestin et à l'immunité, avec les légumes secs et les protéines d'origine animale : viande, poisson, œufs... ;
- apports intéressants en oméga-3, pour la qualité de la membrane intestinale, avec l'huile de colza et les poissons gras ;
- apports importants de polyamines (champignons, légumes secs, poulet, petits pois) et d'amidons résistants (châtaignes, pain de seigle, sarrasin, céréales, pommes de terre, légumes secs), bénéfiques pour une muqueuse intestinale saine.

Boissons
- buvez tout au long de la journée ou à la fin des principaux repas une tisane digestive (voir recette p. 312).

Les plus
- les aromates ou les épices ont des propriétés digestives. Ils permettent notamment de stimuler la sécrétion de nos enzymes digestives. N'hésitez pas à les incorporer également dans vos préparations culinaires.

Le modèle alimentaire d'épargne digestive

Si vous avez répondu « 2 » à une ou plusieurs des questions 8 à 12 du QMS Interface digestive (voir p. 119), vous souffrez peut-être d'un trouble fonctionnel intestinal.

Lors d'une consultation, le micronutritionniste pourra vous conseiller un mode alimentaire particulier visant à mettre l'intestin au repos. Ce modèle est nommé « modèle d'épargne digestive ».

À qui s'adresse-t-il ?

Il s'adresse particulièrement aux personnes qui souffrent des intestins (syndrome de l'intestin irritable) et/ou chez qui il aura été diagnostiqué une inflammation chronique, une hyperméabilité de la muqueuse intestinale ou des intolérances alimentaires. Ces différents diagnostics seront établis grâce à la biologie et aux questionnaires utilisés en consultation de micronutrition.

Les principaux points du modèle d'épargne digestive

Ces divers conseils seront à moduler ou à préciser en fonction de chaque personne :
- limitez alcool, tabac et café, qui augmentent les spasmes intestinaux ;
- consommez régulièrement du thé vert et du riz basmati ;
- consommez plutôt des « cuidités » (légumes cuits) que des crudités, tant qu'il existe des troubles fonctionnels ;
- consommez régulièrement des aliments qui aident à réparer la paroi intestinale : petits pois, lentilles, champignons, volaille, notamment poulet (aliments riches en polyamines) ;

– évitez les aliments qui retardent la cicatrisation intestinale : agrumes (orange, pamplemousse, clémentine), prunes et pruneaux, kiwis. Ces aliments contiennent des substances nommées *cadavérine* et *putrescine* qui empêchent la cicatrisation de la muqueuse intestinale ;
– limitez la consommation d'épices agressives pour la muqueuse de l'intestin : poivre, piment, paprika ;
– limitez les aliments complices[1] qui peuvent être source d'intolérance alimentaire : les produits laitiers en excès et riches en lactose – choisir de préférence des « laits fermentés » de type Fermentine et du fromage de chèvre ou de brebis ; les aliments à forte teneur en gluten, notamment le « blé moderne », privilégier à la place l'épeautre ou le petit épeautre ;
– introduisez **très progressivement** les aliments riches en fructanes dans vos menus (au fur et à mesure de leur tolérance) : topinambour, poireau, salsifis, ail, asperge, artichaut, oignon, banane peu mûre et écrasée ;
– consommez régulièrement des pommes de terre cuites à l'eau et refroidies (riches en amidons résistants), par exemple : salade de pommes de terre en vinaigrette ;
– mangez calmement en prenant le temps de mastiquer (voir ci-dessous) ;
– buvez de l'eau ou des tisanes tout au long de la journée en petite quantité. Il est primordial de s'hydrater de façon équilibrée sans jamais dépasser plus de 25 cl par prise. Buvez peu pendant les repas.

Sans oublier... la meilleure façon de déguster

Bien mastiquer ses aliments est un acte primordial. N'oubliez pas que la digestion commence déjà dans notre bouche. Il est vrai qu'il n'est parfois pas évident de corriger nos mauvaises habitudes. Cependant, je vous assure qu'après quelques mois d'entraînement,

1. Ils participent aux problèmes sans en être responsables.

cette nouvelle habitude deviendra naturelle et que vous n'aurez plus besoin d'y penser. Alors courage, cela en vaut réellement la peine !

Quelques conseils

– manger lentement en se centrant sur le goût des aliments nous permet de déterminer quand on a assez mangé et de mieux digérer ;

– quand vous mangez, efforcez-vous de ne rien faire d'autre en même temps. Interrompez votre activité en cours, prenez le temps de manger attentivement ;

– évitez les repas avec la télévision. Si vous êtes seul, contentez-vous d'une simple musique de fond ;

– posez votre couvert toutes les trois bouchées (ou utilisez des baguettes, plus difficiles à manier...). Couverts posés, concentrez-vous sur le goût de ce que vous avez en bouche, et ne reprenez vos couverts que lorsque votre bouche est vide ;

– mastiquez suffisamment (vos aliments solides doivent absolument être rendus liquides). Si vous souffrez de problèmes de mâchoire ou de dents, n'hésitez pas à mixer vos aliments.

Comment je complémente mon écosystème intestinal

Nous allons à présent aborder les compléments alimentaires pouvant agir spécifiquement sur l'écosystème intestinal. Ils seront conseillés en plus d'une alimentation adaptée et lorsque celle-ci ne suffira pas à obtenir une amélioration significative.

Afin de se complémenter au mieux, il s'avère justifié de consulter un thérapeute spécialisé en micronutrition. Des conseils sur mesure pourront alors vous être prodigués.

La micronutrition de l'écosystème intestinal

La lecture attentive du QMS Interface digestive (voir p. 119) nous apporte un certain nombre d'informations :
- si la sous-rubrique « digestif haut » (questions 1 à 7) présente un score élevé, on peut penser à une dysfonction au niveau gastrique, hépato-vésiculaire, pancréatique ;
- si la sous-rubrique « digestif bas » (questions 8 à 12) présente un score élevé, il s'agit probablement d'un trouble fonctionnel intestinal.

La recherche d'éventuels antécédents de gastroentérites, de mycoses, de prise d'antibiotiques ou d'anti-inflammatoires est également très importante. Enfin, pour affiner ses investigations, le micronutritionniste pourra proposer un bilan immuno-inflammatoire de l'intestin.

■ Les perturbations du microbiote ou de la flore intestinale

Les probiotiques

Comment bien choisir un probiotique ?
- il doit contenir suffisamment de bactéries vivantes pour garantir un effet bénéfique sur la santé. On considère qu'un apport minimal de 10 milliards par prise est satisfaisant ;
- les souches qui le constituent doivent être certifiées GRAS (Generally Recognized As Safe) et déposées dans une Collection nationale de cultures de micro-organismes (CNCM) ;
- les souches doivent être stables et résister aux sécrétions digestives. Elles doivent adhérer aux cellules de notre intestin et posséder des effets positifs sur notre système immunitaire ;
- le probiotique choisi devra posséder des effets bénéfiques sur la santé scientifiquement documentés ;
- enfin, les souches utilisées devront être spécifiques au problème rencontré. En effet, ce sont les souches d'un probiotique qui lui confèrent ses propriétés particulières.

Ces différents critères de qualité sont reconnus par l'Anses (Agence nationale de sécurité sanitaire de l'alimentation, de l'environnement et du travail).

L'info du spécialiste
Aujourd'hui, les souches probiotiques sont de mieux en mieux évaluées au niveau de leur efficacité.
Certaines indications sont plus documentées que d'autres, en particulier :
- les diarrhées aux antibiotiques ;
- le syndrome de l'intestin irritable ;
- la dermatite atopique du nourrisson.
L'évolution semble aller vers une diversification des probiotiques en fonction de chaque indication : « Un probiotique pour une indication... »

Les diarrhées aux antibiotiques

Les premières études ont été réalisées sur une levure, le *Saccharomyces boulardii.*
À propos de cette levure, il est noté dans les précautions de ne pas ouvrir les gélules devant un patient porteur d'un cathéter veineux central en raison d'un risque de contamination par le *Saccharomyces boulardii.*
Une souche probiotique a été depuis très étudiée dans cette indication, il s'agit d'une souche appartenant à la famille des *Lactobacillus rhamnosus.*
La dose efficace est de 12 milliards de *Lactobacillus rhamnosus* par jour pendant 7 jours, avec une incidence des diarrhées diminuée d'un facteur 8.

Le syndrome de l'intestin irritable

Il s'agit d'un trouble fonctionnel intestinal qui se caractérise par l'association de trois symptômes :
- un inconfort ou une douleur abdominale ;
- un trouble du transit ;
- des ballonnements.
On distingue 3 types de troubles du transit : soit une constipation, soit une alternance diarrhée-constipation, soit une diarrhée.

Il semble dans les études que les patients présentant un syndrome de l'intestin irritable avec diarrhées ont un intestin plus inflammatoire.
En micronutrition on a l'habitude de proposer les souches probiotiques ayant bénéficié d'études cliniques significatives et/ou des études *in vitro* ou chez l'animal ayant fait leurs preuves.

L'info du spécialiste
Pour faciliter le choix des médecins, un comité européen de médecins généralistes experts en gastroentérologie *(European Society for Primary Care for Gastroenterology)* a effectué un travail de revue systématique de la littérature pour recenser les études réalisées avec des probiotiques en gastroentérologie. Ces experts ont édité un guide consensus de référence à destination des médecins généralistes.
Pour les patients présentant des alternances diarrhées-constipation ou des diarrhées, le choix se portera sur des complexes probiotiques dont les propriétés anti-inflammatoires auront été démontrées.

La dermatite atopique du nourrisson

Elle est le témoin d'une immaturité immunitaire de la flore intestinale qui peut être due à plusieurs facteurs, en particulier au moment de l'installation de la flore à la naissance.
En effet, à la naissance, l'intestin du bébé est totalement stérile ; lors de l'accouchement par voie naturelle, le bébé est au contact des muqueuses vaginales et anales de sa maman et, dès les premières heures, les bactéries vont s'installer dans le tube digestif du bébé selon une séquence précise.
L'allaitement au sein va continuer à apporter des souches du microbiote de la maman et l'immunité du bébé va commencer à s'installer et s'équilibrer.
Parfois l'installation ne se fait pas favorablement. Plusieurs raisons à cela : le microbiote de la maman n'est pas suffisamment diver-

sifié, l'accouchement a dû se faire par césarienne, l'allaitement au sein n'a pas été possible, un ou plusieurs traitements antibiotiques ont été imposés au bébé.
Une ou plusieurs de ces causes conjuguées à un terrain génétique défavorable sont à l'origine de l'installation d'une dermatite atopique chez le nourrisson.
Des études utilisant les familles de *Lactobacillus reuteri*, de *Lactobacillus fermentum*, ou de *Lactobacillus rhamnosus* ont donné des résultats intéressants sur la dermatite atopique.
Les souches probiotiques qui peuvent être utilisées dans cette indication bénéficient de propriétés stimulant l'immunité de défense.

Les prébiotiques
Dans quelles situations prendre un prébiotique ?
En accompagnement de la prise de probiotiques pour majorer leur action, en cas d'inflammation intestinale, en cas de maladies métaboliques (obésité, diabète de type 2, hypercholestérolémie et hypertriglycéridémie) ou pour contrôler l'appétit.

Les prébiotiques en compléments sont utiles, en particulier si l'on ne parvient pas à atteindre les apports journaliers recommandés (5 à 10 g/jour) par le biais de l'alimentation (voir p. 127).

Comment bien choisir un prébiotique ?
Il doit contenir nécessairement au moins 5 g d'inuline et de fructo-oligosaccharides (FOS).

L'info du spécialiste
L'association à part égale entre les fructo-oligosaccharides (FOS) et l'inuline a démontré des effets intéressants sur l'inflammation digestive, la satiété, la réduction de la masse grasse, l'absorption du calcium.
Ces fibres prébiotiques sont digérées par certaines familles de bactéries du microbiote, en particulier les bifidobactéries.

Cette digestion provoque la libération d'acides gras à chaînes courtes et en particulier du butyrate qui a le pouvoir d'agir sur les cellules endocrines de l'intestin.
Ces cellules sécrètent alors une hormone appelée GLP 1, qui est probablement à l'origine des effets favorables observés.

Les perturbations de la muqueuse intestinale
La glutamine
Dans quelles situations prendre un complément alimentaire riche en glutamine ?
Si votre analyse biologique (bilan prévention digestive) a révélé une hyperperméabilité de la muqueuse intestinale et/ou si le questionnaire rempli avec votre micronutritionniste a mis en évidence certains troubles fonctionnels (par exemple : présence d'inflammations ostéo-articulaires chroniques, troubles cutanés, troubles de l'humeur, fatigue, migraines, fibromyalgie, maladies auto-immunes...).

Comment choisir un complément alimentaire adapté aux perturbations de la muqueuse intestinale ?
Il doit contenir :
- de la L-Glutamine, carburant majeur des différentes cellules intestinales ;
- des prébiotiques (inuline et maltodextrines de maïs), anti-inflammatoires de choix de la muqueuse intestinale (voir « Comment je nourris mon écosystème intestinal » p. 121).
- du thé vert, qui participe à la protection de la muqueuse intestinale par ses propriétés antioxydantes ;
- du zinc, qui participe à la cicatrisation de la muqueuse.

L'info du spécialiste
Nous avons vu plus haut que la digestion des fructo-oligosaccharides (FOS) par certaines familles de bactéries du microbiote entraînait la libération de butyrate, qui lui-même provoquait la sécrétion de GLP 1 par les cellules endocrines de l'intestin. Il a été démontré

qu'en plus des GLP 1, des GLP 2 étaient également sécrétés, ces derniers agissant favorablement sur la cicatrisation de la muqueuse intestinale.

Foie paresseux et perturbations intestinales

Il peut s'avérer important de soutenir son foie si l'on présente des troubles intestinaux. En effet, lorsqu'il existe un microbiote déséquilibré associé à une perméabilité de la muqueuse intestinale, certains éléments indésirables comme des toxines peuvent se retrouver dans notre organisme. Ces éléments étrangers supplémentaires seront pris en charge par le foie qui pourra alors se retrouver dépassé dans ses fonctions de détoxication.

Quelques symptômes et situations pouvant faire suspecter un foie paresseux

Fatigue et lourdeur après les repas, écœurement matinal, haleine chargée le matin, effets secondaires lors de la prise de médicaments, difficultés à supporter l'alcool ou la caféine même consommés en petite quantité, intolérance aux parfums, sensation d'avoir l'esprit embrumé...

Que doit contenir un complément alimentaire spécifique de la détoxication hépatique ?

- du curcuma, qui présente le triple avantage d'être puissamment anti-inflammatoire, antioxydant et hépato-protecteur ;
- un extrait de poivre noir (pipérine), afin d'optimiser l'assimilation de la curcumine qui est le principe actif contenu dans le curcuma.

L'info du spécialiste

L'association entre les troubles fonctionnels de l'intestin et les dysfonctions hépatiques et vésiculaires est relativement fréquente. Une des explications avancées : la pullulation microbienne dans la partie distale de l'intestin, qui empêche la bonne circulation des sels biliaires entre l'intestin et le foie.

La phytothérapie de l'écosystème intestinal

Lors d'une consultation en micronutrition, certaines plantes pourront également vous être conseillées. Elles viendront compléter et optimiser l'action des compléments alimentaires et des conseils nutritionnels associés. En voici quelques-unes :

– en cas de troubles fonctionnels digestifs, on conseille généralement la passiflore et/ou la mélisse associée éventuellement au curcuma ;

– en cas d'inflammation intestinale, le curcuma et la réglisse seront à privilégier ;

– en cas de selles molles, l'ajout du noyer pourra se montrer efficace.

Il est aussi possible de proposer des plantes qui prendront en charge d'autres troubles associés au déséquilibre intestinal :

– en cas de troubles gastriques, l'association réglisse et mélisse s'avérera optimale (propriétés anti-acide, anti-reflux et protectrice de la muqueuse stomacale) ;

– en cas de surcharge hépato-vésiculaire ou de constipation, on pourra également conseiller l'association entre la feuille d'artichaut et le radis noir.

Conclusion intermédiaire

Dans la perspective de bien nourrir notre écosystème intestinal, nous avons vu que nous devions lui apporter des probiotiques et des prébiotiques quotidiennement, afin que notre flore soit parfaitement équilibrée et qu'elle se développe harmonieusement. Cet apport pourra se faire par la consommation d'aliments en contenant naturellement ou par la complémentation, notamment s'il existe un problème de santé spécifique ou bien s'il est difficile d'en consommer suffisamment au quotidien.

N'oublions pas non plus de nous occuper de la muqueuse intestinale en mangeant certains aliments capables de préserver son intégrité. Ces aliments devront être riches en polyamines, en amidons résistants, en glutamine et en oméga-3, substances ultra-performantes pour induire la cicatrisation de la muqueuse.

Tous ces éléments réunis permettront également de booster notre système immunitaire. Toutefois, pour bien faire les choses, il sera nécessaire d'apporter suffisamment d'antioxydants à notre organisme. Souvenez-vous, ces molécules protectrices interviennent partout : elles sont utiles pour protéger notre cerveau et notre intestin, elles contribuent aussi à renforcer notre système immunitaire et nous protègent face à une kyrielle d'agressions.

Leurs noms de code ? Sélénium, zinc, coenzyme Q10, polyphénols, resvératrol, HSP, etc. Envolons-nous sans plus attendre au chapitre suivant pour mieux les découvrir.

Ma protection cellulaire s'est mise en congés

À force de se mobiliser 7 jours sur 7, 24 heures sur 24, et ce depuis notre naissance, notre protection cellulaire manifeste quelques signes de fatigue... Elle rêve d'une croisière paisible à bord d'un corps qui ne serait pas soumis aux assauts répétés d'attaques radicalaires : tabac, alcool, stress, exposition aux UV, à la pollution, aux médicaments...

La solution ? Lui permettre d'alléger son labeur en la faisant bénéficier d'aides à domicile performants : les antioxydants à tout faire !

Évaluez votre protection cellulaire

Pour les réponses en 0-1-2 : si la réponse est jamais, entourez le 0 ; si la réponse est parfois, entourez le 1 ; si la réponse est souvent, entourez le 2. Pour les réponses en 0-2 : 0 = non et 2 = oui.

QMS / Protection cellulaire

1. Je ressens des douleurs au niveau du dos, du cou. 0 - 1 - 2
2. Je souffre des articulations (épaules, coudes, poignets, mains, hanches, genoux, chevilles, pieds). 0 - 1 - 2
3. Quand je fais du sport, je me blesse facilement. 0 - 1 - 2
4. Je fais de l'arthrose. 0 - 2
5. Je fais de l'ostéoporose. 0 - 2
6. J'ai une maladie rhumatismale (polyarthrite rhumatoïde, spondylarthrite, goutte...). 0 - 2

7. Je prends des antalgiques ou des anti-inflammatoires.	0 - 1 - 2
8. Je présente ou j'ai été opéré(e) de cataracte et/ou DMLA et/ou yeux secs.	0 - 2
9. J'ai des signes cutanés apparus avec l'âge (rides, taches brunes, taches rubis...).	0 - 2
10. J'ai des infections au niveau ORL (nez, gorge, oreilles...).	0 - 1 - 2
11. Je fais des infections broncho-pulmonaires.	0 - 1 - 2
12. Je fais des infections urinaires.	0 - 1 - 2
13. Je fais de l'herpès (boutons de fièvre, herpès génital).	0 - 1 - 2
14. J'ai fait un zona (au niveau intercostal, autour de l'œil...).	0 - 2
15. J'ai fait une mononucléose infectieuse qui m'a fatigué(e).	0 - 2
16. J'ai une infection à staphylocoque (furoncle, panaris, ORL...).	0 - 2
17. Je fais de l'urticaire ou de l'eczéma.	0 - 1 - 2
18. Je fais des rhinites allergiques ou des crises d'asthme.	0 - 1 - 2
19. Je prends un traitement contre l'allergie.	0 - 1 - 2
20. Je fume	
0 cig/jour	0
entre 1 et 10 cig/jour	1
entre 10 et 20 cig/jour	2
plus de 20 cig/jour	3

SCORE TOTAL Protection cellulaire ....../41

Cotation :

0 : 0 point 1 : 1 point
2 : 2 points 3 : 3 points

Interprétation des scores :

Perturbation faible : score de 0 à 9
Perturbation moyenne : score de 10 à 19
Perturbation forte : score de 20 à 29
Perturbation très forte : score de 30 à 41

Comment je nourris ma protection cellulaire

Le chef-d'œuvre de votre vie !

La teneur en micronutriments des végétaux dépend de nombreux facteurs : le type d'agriculture, les conditions de cueillette, la composition du sol, le climat, les variétés, le mode et le temps de stockage, les modes de cuisson...

D'emblée, il s'avère pertinent de **consommer des fruits et légumes de saison** parvenus à pleine maturité naturellement sous le soleil. Si possible, il conviendrait de les choisir issus de l'agriculture biologique. Effectivement, les végétaux bio contiennent davantage de composés antioxydants et sont beaucoup moins contaminés par les pesticides.

Les phyto-nutriments étant sensibles à la chaleur et au temps de stockage, il sera impératif de les consommer rapidement, de les conserver au réfrigérateur ou au congélateur. La cuisson se révélant néfaste pour les polyphénols, il sera opportun de privilégier la consommation de végétaux crus, voire d'utiliser des cuissons douces et rapides (de type wok ou à la vapeur douce).

Évitez également trop d'intermédiaires entre la production et la vente car ils rallongent le temps de stockage. Si vous le pouvez, approvisionnez-vous directement chez les producteurs de votre région.

Enfin, l'idéal est de varier vos apports en fruits et légumes de toutes sortes. Adulez vos nouvelles muses croquantes à souhait : tomates, carottes, betteraves, choux, salades... et devenez le fauviste passionné composant des assiettes multicolores dignes des plus grandes œuvres d'Henri Matisse. Le génie créatif vous fera alors bénéficier de toute la palette de couleurs garantes d'un apport synergique en composés bienfaiteurs... et ce pour une protection antioxydante optimale !

Les précieux antioxydants

Dans quels aliments les trouver ? Révisons ensemble les sources de zinc, sélénium, vitamine C...

Les meilleures sources alimentaires de zinc
Huîtres, foie, germe de blé, bœuf, agneau, crabe, langouste, porc, bœuf haché maigre, palourdes, homard, poulet, légumineuses, graines de courge, céréales complètes...

En général, l'organisme absorbe de 15 à 40 % du zinc présent dans les aliments. L'huître est l'aliment qui en contient le plus, mais la plupart des viandes, des fruits de mer et des produits d'origine animale comme le foie en sont des sources de qualité. Les légumineuses, certains végétaux et les céréales complètes fournissent aussi du zinc en quantité appréciable mais moins bien assimilée par notre organisme. Pour les conseils pratiques, reportez-vous au chapitre sur le cerveau (voir p. 110).

Quand soupçonner un déficit en zinc ?
Une carence en zinc peut entraîner une diminution des fonctions immunitaires (infections fréquentes et blessures qui guérissent mal), un retard de croissance, des troubles de l'odorat et du goût, une baisse de fertilité, des dermatites comme l'acné, une dépression (voir « Mon cerveau est surmené » p. 71), de la fatigue, de l'irritabilité, une perte de poids, des troubles intestinaux (voir « Mon intestin est en colère » p. 119).

Les meilleures sources alimentaires de sélénium
Comme pour le zinc, le sélénium présent dans les produits animaux sera mieux assimilé.
On trouvera le sélénium en quantité appréciable dans le poisson, la viande, les fruits de mer (huîtres, palourdes), les abats, la levure de bière et les noix du Brésil.

En pratique

– grignotez 1 à 2 noix du Brésil quotidiennement ;
– consommez du foie d'agneau ou de veau 1 fois/semaine ;
– consommez environ 400 g/semaine de poisson gras (saumon, sardines, maquereau, hareng...) ;
– n'oubliez pas les fruits de mer (huîtres, moules, palourdes, seiche, poulpe, langouste, calmar...) au moins 1 fois/semaine.

Quand soupçonner un déficit en sélénium ?

Un déficit ou une carence en sélénium peuvent être associés à divers troubles : maladies cardiovasculaires et inflammatoires, asthme, affaiblissement de l'immunité, cancer, cataracte, etc.

Les meilleures sources alimentaires de vitamine C

Ce sont les aromates, les fruits, les légumes colorés et crus qui contiennent le plus de vitamine C. Les conseils de consommation en fruits et légumes frais que nous vous donnons ont pour objectif de vous permettre d'atteindre au mieux les apports nutritionnels recommandés en vitamine C. Il faut savoir que l'air, l'eau et la chaleur détériorent facilement cette vitamine. Pour la préserver, il est donc conseillé de cuire les légumes rapidement (*al dente*) dans le moins d'eau possible (à la vapeur ou au wok par exemple).

Les aliments les plus riches en vitamine C

Vous avez l'embarras du choix : goyave+++, persil frais, poivron rouge ou jaune, cassis, chou vert frisé cru, papaye, kiwi, litchi, orange, poivron vert cru, cresson cru, mangue, brocoli, chou de Bruxelles, fraises, betterave, chou-rave cru, chou rouge cru, citron, pamplemousse, jus de légumes, jus de fruits, carambole, melon, ananas...
Et n'oubliez pas de parsemer généreusement vos préparations d'aromates frais et d'épices : ciboulette, thym, persil, aneth, safran, clou de girofle, paprika, romarin, basilic, marjolaine, origan, cerfeuil, estragon, sarriette, etc.

En pratique

- consommez 3 à 7 portions de légumes/jour : utilisez des cuissons douces et brèves pour cuire vos légumes et/ou consommez-les sous forme de crudités ;
- consommez 2 à 5 portions de fruits/jour, crus ou fraîchement pressés ;
- ajoutez systématiquement dans vos préparations (de préférence en fin de cuisson) des herbes aromatiques et des épices ;
- utilisez du jus de citron et du persil pour assaisonner vos crudités ou vos préparations ;
- préparez vos crudités au dernier moment ;
- ne stockez pas vos légumes et vos fruits sur de longues périodes et choisissez-les les plus frais possibles (les réseaux AMAP – Association pour le maintien d'une agriculture paysanne – proposent des produits de saison ultra-frais en raison de l'absence d'intermédiaire entre le consommateur et le producteur : www.reseau-amap.org/).

Plusieurs études considèrent que les apports nutritionnels en vitamine C devraient être d'au moins 200 mg/jour pour assurer le maintien d'une santé optimale et la prévention de certaines maladies. L'ANSES (Agence nationale de sécurité sanitaire de l'alimentation, de l'environnement et du travail) considère que cet apport de 200 mg/jour doit être, autant que faire se peut, apporté avec des aliments naturellement riches en vitamine C. Effectivement, ces mêmes aliments apportent simultanément d'autres nutriments bénéfiques comme des caroténoïdes, des polyphénols, des vitamines B et des fibres qui opèrent en synergie avec la vitamine C pour protéger l'organisme contre les radicaux libres.

Quand soupçonner un déficit en vitamine C ?

La carence importante en vitamine C est rarissime dans nos pays industrialisés. Celle-ci entraîne inéluctablement le scorbut, actuellement bien connu, qui se manifeste par une inflammation des gencives, des blessures qui n'arrivent pas à cicatriser et une faiblesse immunitaire généralisée. Toutefois, sans parler de carences extrêmes, les personnes qui consomment peu de fruits et de légumes frais ou celles qui fument sont susceptibles d'en être déficitaires.

Les meilleures sources alimentaires en caroténoïdes
Les carottes, les légumes à feuilles vert foncé (épinards, persil, haricots verts, laitue...), les légumes crucifères (choux, brocoli, roquette, cresson...), les petits pois, la citrouille et le potiron, la papaye, la mangue, la goyave, la pêche, l'orange, le melon, la tomate, le pamplemousse rose, les herbes aromatiques, les abricots, le maïs, les myrtilles, le jaune d'œufs, le foie... sont des sources importantes de caroténoïdes.

L'absorption du bêta-carotène, du lycopène, de la lutéine et de la zéaxanthine présents dans ces aliments est d'autant plus importante s'ils sont consommés en présence de graisses. C'est pourquoi il s'avère judicieux d'assaisonner vos crudités ou vos légumes avec un peu d'huile (de préférence riche en oméga-3 comme l'huile de colza).

Afin de préserver au mieux les caroténoïdes de vos fruits et légumes, entreposez-les à l'abri de la lumière, consommez-les crus ou optez pour des cuissons à la vapeur.

Les meilleures sources alimentaires en vitamine E
Huile de germe de blé, amandes entières (avec la peau), graines de tournesol, noisettes, huile de tournesol, huile de soja, graines de lin, huile d'olive, avocat.

En pratique
– grignotez une petite poignée d'oléagineux quotidiennement (amandes, noix, noisettes au naturel) : pensez à les avoir sous la main en cas de petits creux ou incorporez-les dans les céréales du petit déjeuner ou dans vos salades par exemple ;
– optez pour du pain aux céréales contenant des graines de lin ;
– n'hésitez pas à intégrer de l'avocat dans vos crudités ;
– ajoutez 1 cuil. à café d'huile de germe de blé dans l'assaisonnement de vos salades. Toutefois, n'abusez pas de cette huile riche en oméga-6 qui pourrait déséquilibrer vos apports en oméga-3 (pour

davantage d'explications, voir « Ma communication cellulaire ne passe plus » p. 187). Les mêmes recommandations sont apportées pour l'huile de tournesol et de soja.

– saupoudrez quotidiennement vos crudités, plats, yaourts, boissons, salades de fruits, compotes… de germe de blé et/ou de graines de lin finement moulues.

Quand soupçonner un déficit en vitamine E ?

S'il n'existe pas de véritable carence importante en vitamine E, il est pourtant bien établi que l'apport nutritionnel en vitamine E ne serait pas entièrement comblé par notre régime alimentaire, en particulier chez les personnes qui suivent des régimes faibles en matières grasses et chez les fumeurs. Les symptômes de carence en vitamine E se manifestent sur le long terme et sont notamment d'ordre neurologique.

Les meilleures sources alimentaires de coenzyme Q10

Ce sont le bœuf, le poulet, les sardines, le maquereau, l'huile de soja, le brocoli, les œufs.

L'organisme étant capable de synthétiser le coenzyme Q10, on ne considère pas ce micronutriment comme essentiel. Les apports journaliers recommandés ne sont, par conséquent, pas déterminés. Toutefois, il a été observé qu'avec l'âge, l'organisme en produisait de moins en moins. Par ailleurs, on s'est également rendu compte que les patients atteints de maladies cardiovasculaires, de certains cancers, de maladies des gencives, d'hypertension artérielle, du sida, de troubles musculaires ou de dégénérescence maculaire, ou encore les sportifs de haut niveau, présentaient systématiquement de faibles taux en coenzyme Q10. Certains médicaments peuvent également réduire sa concentration dans l'organisme, c'est notamment le cas des statines, médicaments prescrits aux personnes souffrant d'hypercholestérolémie. Afin d'objectiver une carence en coenzyme Q10, la meilleure façon reste d'évaluer son statut par le biais d'une prise de sang. Si une carence se confirme, l'alimentation seule ne suffira pas à la corriger. Une complémentation alimentaire vous sera dans ce cas conseillée (voir « Comment je complémente ma protection cellulaire » p. 165).

Les meilleures sources alimentaires de manganèse
Les céréales complètes, les oléagineux (noix, amandes, noisettes, graines de lin, etc.), le gingembre, le clou de girofle, les épinards, le cacao, le chocolat noir, le quinoa, les légumes secs (lentilles, pois chiches, pois cassés, flageolets, haricots secs rouges, blancs et noirs, fèves...), le thé, certains fruits (ananas, raisin, framboise).

Les meilleures sources alimentaires de cuivre
Les fruits de mer et les crustacés, le foie, la viande et la volaille, certains légumes (artichaut, champignons), les oléagineux, les légumes secs, le chocolat noir.

Les aliments riches en phytonutriments à la loupe

Pour ce qui est des composés phytochimiques antioxydants – comme la curcumine, le resvératrol, l'acide ellagique, l'EGCG (épigallocatéchine gallate), la quercétine, etc. – contenus dans les végétaux, nous ne savons pas encore déterminer nos apports journaliers recommandés. Ce qui est certain, c'est que plus notre consommation en fruits et légumes est élevée (au minimum 5 portions/jour), plus nous bénéficions d'une protection antioxydante optimale. C'est pour cette raison qu'il est indispensable d'apporter de la couleur dans notre assiette !

Le curcuma dans tous ses états

Préférez le curcuma issu de l'agriculture biologique, les épices et les aromates ayant la capacité de concentrer les polluants et les pesticides.
Pour bénéficier de ses vertus antioxydantes importantes, 1 cuil. à thé/jour s'avère le dosage idéal ! Vous pourrez l'utiliser pour la préparation de marinades destinées aux viandes, poissons et légumes,

dans les plats à base de curry, dans le riz pilaf ou le risotto, dans les pâtes, les pommes de terre et les légumes. Le curcuma s'accommode particulièrement bien avec les courgettes, les tomates et les choux. On peut aussi l'incorporer dans les sauces vinaigrettes, les potages et les sauces tomates.
En infusion : mettre 1 cuil. à thé de poudre de curcuma ou un morceau de rhizome frais de curcuma avec une pincée de poivre (la piperine contenue dans le poivre permet d'augmenter l'assimilation de la curcumine du curcuma) dans 15 cl d'eau bouillante. Laissez infuser pendant 10 à 15 minutes.
Remarques : La saveur particulière du curcuma s'atténue lors des cuissons et ne dénaturera pas vos préparations habituelles. Afin d'augmenter la biodisponibilité du curcuma et son assimilation, il est conseillé de le mélanger avec un peu de poivre mais aussi avec de la graisse (huile d'olive par exemple).

Le test ORAC

Le test ORAC (*Oxygen Radical Absorbance Capacity*, littéralement : capacité d'absorption des radicaux libres) a été mis au point par des chercheurs américains de l'université de Tufts (Boston) pour mesurer le pouvoir antioxydant des fruits, légumes et autres aliments dans le plasma. D'une manière générale, les aliments testés qui présentent un indice ORAC élevé (donc un score antioxydant important) proviennent des végétaux (fruits, légumes, herbes aromatiques) en raison de leur richesse en phytonutriments. Plus l'indice ORAC d'un aliment est élevé, plus sa capacité antioxydante l'est aussi. Afin de bénéficier d'une protection convenable, les spécialistes pensent qu'un apport ORAC quotidien situé entre 3 000 et 5 000 unités serait souhaitable. Cet apport est obtenu en consommant le nombre de portions en fruits et légumes conseillé dans cet ouvrage et en mettant à l'honneur régulièrement dans vos menus ceux qui présentent un indice ORAC élevé.

Les fruits présentant un indice ORAC très élevé
– fruits rouges et baies : goji, grenade, myrtilles, fraises, mûres, framboises, airelles (canneberge), cerises, cassis, açaï, mulberries, etc. ;
– prunes et pruneaux, agrumes (citrons, oranges, pamplemousses, mandarines) ;
– pommes (en particulier pommes granny smith), raisin (dont jus de raisin et vin rouge) ;
– fruits secs (figues, raisins secs), noix de Grenoble et noix de pécan, noisettes, amandes, pistaches…

Les herbes aromatiques et les épices présentant un indice ORAC très élevé
Tous les épices et aromates sont extrêmement antioxydants, mais certains présentent des valeurs ORAC remarquables : le clou de girofle, la cannelle, le curcuma et le gingembre.

Les légumes présentant un indice ORAC très élevé
L'artichaut, les haricots rouges ou noirs, la tomate cuite, les épinards, la betterave et les carottes crues, les patates douces, les choux, les oignons et l'ail.

Comment booster votre protection cellulaire ?

C'est simple, en suivant ces quelques conseils !
- 5 à 12 portions de légumes et de fruits quotidiennement avec, tous les jours, au moins 2 portions de crudités, pour un apport en vitamine C, en caroténoïdes et en polyphénols ;
- 1 poignée d'oléagineux au naturel (noix du Brésil, amandes, noix, graines de lin moulues, graines de courge, noisettes), pour un apport en vitamine E, zinc, sélénium, manganèse, cuivre et phytonutriments ;
- si vous le souhaitez, saupoudrez chaque jour vos aliments de germe de blé, pour un apport en vitamines E et B, manganèse et zinc ;

- consommez au moins 1 fois/semaine des fruits de mer et des crustacés, pour un apport en zinc, fer, cuivre et sélénium ;
- consommez chaque semaine du poisson (poisson gras en particulier), un peu de viande, des œufs et du foie bio, pour un apport en zinc, cuivre, fer, coenzyme Q10 et sélénium ;
- croquez 2 carrés de chocolat noir à 70 % (minimum) de cacao tous les jours, pour un apport en polyphénols et en cuivre.

Que représente une portion de fruits ?

- 1 fruit ou 2 petits fruits (clémentines, prunes, kiwis...) ;
- 100 à 150 g de fruits rouges (une petite barquette) ou de raisin ;
- 1 belle tranche d'ananas, de melon ou de pastèque ;
- 3 cuil. à soupe de fruits cuits sans sucre ajouté ;
- 3 abricots secs.

Les fruits se consomment frais, entiers, en morceaux, en salades, en tartes, dans les gâteaux, les clafoutis, en compotes et purées de fruits sans sucre ajouté, en sorbets, en jus, en smoothies...

Que représente une portion de légumes ?

- 1 grosse poignée de salade ;
- 1 tomate ;
- 1 carotte ;
- 3 cuil. à soupe bien bombées de légumes crus ou cuits ;
- 1 verre de jus de légumes de 20 cl ;
- 1 bol de soupe riche en légumes de 20 cl ;
- 100 g de légumes ;
- 3 cuil. à soupe bombées de légumes secs.

Allons plus loin et regardons ensemble **comment manger plus de légumes et de légumes secs !**

– commencez systématiquement votre repas avec des crudités (préparez-les à la dernière minute, afin de préserver leur pouvoir antioxydant) ou un potage ;

– mêlez vos féculents avec des légumes cuits à la vapeur ou au wok ;

– buvez un verre de jus de légumes (tomates, carottes, mixtes) dans la journée ou en guise d'apéritif ;

– préparez-vous des smoothies (à base de fruits et/ou de légumes mixés) ;

– consommez des légumes secs autant que faire se peut et si possible au moins 3 fois/semaine ;

– préparez-les à l'étouffée avec des aromates ou en purée. Si vous manquez de temps, n'hésitez pas à les acheter déjà cuits en bocaux de verre.

Les aliments « au top » pour renforcer notre protection antioxydante

– tous les légumes, et particulièrement les légumes crucifères (chou, épinards, brocoli, chou-fleur, cresson, navet, rutabaga, radis, rapini ou brocoli italien, roquette, blettes, chou chinois, wasabi, raifort, colza), les artichauts, les carottes, les patates douces, les betteraves… ;

– tous les fruits, en particulier les fruits rouges (fraises, myrtilles, framboises, mûres, cerises, goji…), prunes, pruneaux, agrumes, raisin, kiwi, pommes (de préférence consommées avec leur peau, si elles sont bio), noix de Grenoble, noix de pécan, noix du Brésil… ;

– les abats (foie bio en particulier) et fruits de mer ;

– côté boissons : jus de raisin, jus de fruits et de légumes, smoothies, thé, café, tisanes, par exemple les infusions de gingembre, de curcuma, de thym, de romarin, de rooibos, de lapacho... Pour le vin rouge, 1 à 2 petits verres/jour maximum (1 verre de 10 cl pour les femmes, 2 verres de 10 cl pour les hommes) ;
– toutes les épices (attention cependant au poivre, paprika et piment qui peuvent s'avérer trop agressifs pour la muqueuse intestinale, pour plus de précisions voir « Mon intestin est en colère » p. 119), tous les aromates, l'oignon, l'ail sont à consommer à qui mieux mieux ;
– sans oublier chocolat noir, huiles bio et de première pression à froid, oléagineux, légumes secs, céréales complètes, germe de blé...
Retrouvez nos meilleures recettes antioxydantes : le curry de lotte (p. 294), les artichauts farcis (p. 281), le couscous de quinoa (p. 282), le tian de haricots rouges (p. 284) et la sauce tomate mi-corazon (p. 276).

Une journée pour...

Tous ces conseils vous paraissent fastidieux à suivre ? Pas d'affolement, on vous a préparé le menu d'une journée type pour booster votre protection antioxydante !

Petit déjeuner
– 1 boisson chaude au choix (café, thé, tisane, lapacho...) de préférence sans sucre ajouté ;
– du pain aux céréales ou de seigle avec un peu de beurre, ou céréales complètes de type flocons d'avoine ou muesli ;
– œuf(s) (fermiers ou aux oméga-3) ou jambon ou fromage ou rôti ;
– 1 fruit frais de saison ou une purée de fruits rouges ;

– 1 yaourt riche en ferments lactiques de type Fermentine.

Les plus
– du zinc, du cuivre, du sélénium, du manganèse apportés par la protéine et les céréales complètes, le pain ou le muesli ;
– des polyphénols apportés par la boisson : café, thé, infusion, lapacho, et par les fruits ;
– de la vitamine C apportée par les fruits.

En-cas et/ou goûters
– 1 fruit frais de saison ou quelques fruits secs (pruneaux, goji, etc.) + 1 pot de lait fermenté (voir recette p. 270) ou 1 smoothie antioxydant (voir recette p. 310) ;
– 1 petite poignée d'amandes, noix ou noisettes au naturel ;
– 1 tisane.

Les plus
– des polyphénols apportés par les oléagineux, les fruits (particulièrement par le smoothie antioxydant) et la tisane ;
– de la vitamine E, présente dans les amandes, noix et noisettes ;
– de la vitamine C apportée par les fruits frais ;
– du zinc, du sélénium, du cuivre, du manganèse présents dans les oléagineux.

Déjeuner
– 1 crudité : carottes et/ou betteraves râpées, cœurs d'artichaut, chou rouge, radis, etc. assaisonnés avec une sauce à base d'huile d'olive et de colza bio + vinaigre/citron + ail ou oignon ;
– germe de blé à saupoudrer sur les crudités ;
– pain de seigle ou aux céréales ;
– 1 portion de poisson gras : maquereau, saumon, sardines, hareng, ou un plateau de fruits de mer et/ou de crustacés, ou 1 tranche de foie, de volaille, ou curry de lotte (voir recette p. 294) ;
– riz complet, pâtes au blé complet ou quinoa (voir recette du couscous de quinoa p. 282) ou sarrasin ;

– légumes cuits : sauce tomate mi-corazon (voir recette p. 276), choux de Bruxelles confits (voir recette p. 285), artichauts farcis (voir recette p. 281) ou épinards, choux (brocoli, chou-fleur...), ou autres légumes au choix ;
– 1 fruit et/ou 1 yaourt riche en ferments lactiques de type Fermentine ou 1 mousse au chocolat (voir recette p. 306) ou 1 fondant au chocolat et au gingembre confit (voir recette p. 308) ;
– 1 petit verre de vin rouge (10 cl).

Les plus
– présence de polyphénols, de caroténoïdes, de vitamine C dans les crudités, le vin rouge, le pain de seigle, les épices, les aromates, les fruits et dans les recettes proposées ;
– présence importante de sélénium, de cuivre, de zinc, de coenzyme Q10 dans les fruits de mer, le foie et les poissons gras ainsi que dans la viande, le poisson, la volaille ;
– présence de vitamine E dans les huiles végétales, en particulier dans l'huile d'olive, ainsi que dans le germe de blé ;
– présence optimale en vitamines B apportées par les céréales complètes, les légumes verts, le germe de blé.

Dîner
– 1 crudité au choix ou potage de légumes ;
– légumes secs, en particulier haricots rouges ou noirs ou Azuki, ou tian de haricots rouges (voir recette p. 284) ;
– céréales (quinoa, riz, pâtes, sarrasin, etc.) ;
– 1 fruit frais ou 1 compote avec de la cannelle (voir recette p. 299) ;
– 2 carrés de chocolat noir à 70 % minimum de cacao ;
– 1 infusion ;
– 1 petit verre de vin rouge (10 cl)/jour pour les femmes (sauf en cas de grossesse), 2 verres de vin rouge/jour pour les hommes. Au-delà, les propriétés bénéfiques du vin sont annulées par la présence d'alcool délétère pour la santé.

Les plus
– présence de manganèse, de vitamines B, de polyphénols apportés par les végétaux, les légumes secs, les céréales complètes et le chocolat noir.

Comment je complémente ma protection cellulaire

Nous allons à présent aborder les compléments alimentaires pouvant agir spécifiquement sur notre protection antioxydante. Ils seront à prendre notamment si l'alimentation ne suffit pas à en apporter suffisamment, si certains symptômes présageant d'un besoin accru en antioxydants perdurent ou bien s'il existe des déséquilibres ou des carences objectivés par les bilans biologiques.

Ainsi, afin de se complémenter au mieux, nous vous recommandons de consulter un thérapeute spécialisé en micronutrition qui se chargera de vous prodiguer des conseils et une complémentation sur mesure sans risques pour votre santé. Il est important de savoir qu'une prise inadaptée d'antioxydants sous forme de complément alimentaire, peut s'avérer :
– soit inefficace si les apports sont en deçà de vos besoins réels ;
– soit préjudiciable pour la santé s'ils sont consommés en trop grande quantité. À ce moment-là, ils peuvent paradoxalement entraîner des phénomènes d'oxydation... le trop étant généralement l'ennemi du bien !

Votre micronutritionniste est la personne la plus à même de vous proposer des conseils individualisés et de déterminer avec précision quel complément vous devez prendre, en quelle quantité et pendant combien de temps.

Les compléments généraux de la protection cellulaire

La lecture des résultats du QMS Protection cellulaire (voir p. 149) nous donne des informations sur l'insuffisance des processus d'adaptation face aux agressions cellulaires.

Les douleurs ostéo-articulaires chroniques, la présence d'une maladie dégénérative (arthrose, cataracte, DMLA...), les infections à répétition, les problèmes allergiques et les habitudes tabagiques orientent le diagnostic vers un stress oxydatif.

Le micronutritionniste dispose en outre d'outils biologiques très précieux parmi lesquels le bilan nutritionnel anti-radicalaire (BNAR), le dosage du coenzyme Q10 et le profil des caroténoïdes.

En cas de troubles généraux de la protection cellulaire
Troubles associés à des symptômes présageant d'un déficit en antioxydants et objectivés par la biologie : infections à répétition, inflammations chroniques, vieillissement prématuré, maladies des yeux... Ou situations pouvant entraîner un déficit en antioxydants : exposition chronique à des polluants, alimentation déséquilibrée, tabagisme, alcoolisme, prise de médicaments ou de drogues, sport à haute dose, exposition régulière aux UV... Il est possible de conseiller un complément alimentaire antioxydant qui pourra apporter une protection globale à notre organisme.

Que doit contenir un complément alimentaire antioxydant « généraliste » efficace ?
– de la vitamine E, parce qu'elle joue un rôle essentiel dans la protection de la membrane de toutes les cellules de l'organisme. Il vaut mieux la choisir naturelle que synthétique car elle sera ainsi mieux assimilée par le corps ;
Dosage généralement conseillé : 12 mg alpha-ET/jour.

– de la vitamine C qui, outre son effet antioxydant, participe à des centaines de processus dans l'organisme. Elle contribue notamment

au maintien de notre immunité, active la cicatrisation, aide l'organisme à fabriquer le collagène et les globules rouges... Il vaut mieux la choisir d'origine naturelle, elle apportera ainsi d'autres éléments antioxydants (phytonutriments) qui viendront renforcer ses effets ;
Dosage généralement conseillé : 80 mg/jour.

– de la vitamine A (bêta-carotène), qui joue un rôle important pour la protection de la peau, des muqueuses, de la vision, de la fertilité et du système immunitaire ;
Dosage généralement conseillé : 500 µg EAR/jour.

– du lycopène, dont les propriétés antioxydantes se sont montrées importantes dans la prévention du cancer de la prostate et celle des maladies cardiovasculaires ;
Il n'existe pas d'apport nutritionnel recommandé pour ce nutriment.

– des polyphénols. Ces composés antioxydants végétaux sont extrêmement puissants pour protéger notre organisme. Ils joueraient notamment un rôle primordial dans la prévention anticancer et cardiométabolique ;
Il n'existe pas d'apport nutritionnel recommandé pour ce nutriment.

– du zinc. Outre son effet antioxydant, il joue un rôle incontournable pour notre santé immunitaire, neurologique, thyroïdienne et pour notre fertilité. Il intervient dans les processus de la vision, du goût, de l'odorat ainsi que dans le métabolisme de l'insuline ;
Dosage généralement conseillé : 10 mg/jour.

– du sélénium, parce qu'il protège les membranes de nos cellules contre l'oxydation. Il joue également un rôle essentiel dans le fonctionnement du système immunitaire et de la glande thyroïde. Les compléments en sélénium de qualité devront être issus de levures nourries au sélénium. Cette forme de sélénium organique sera mieux assimilée par l'organisme ;
Dosage généralement conseillé : 55 µg/jour.

– des vitamines du groupe B, qui par leurs effets multifactoriels dans l'organisme viendront renforcer l'action antioxydante du complexe.

Conseil : les compléments alimentaires contenant du bêta-carotène et du lycopène seront à prendre au cours des repas. En effet, ces composés étant liposolubles, c'est-à-dire solubles dans les graisses, il est primordial de les consommer accompagnés de matières grasses pour qu'ils puissent être correctement assimilés par notre organisme.

L'info du spécialiste
L'antioxydant généraliste en micronutrition doit répondre à des critères très précis afin de garantir une bonne efficacité, ainsi qu'une innocuité parfaite.
Le 1er critère de qualité, c'est la source naturelle de l'ingrédient.
À titre d'exemple, on choisira la vitamine E naturelle tirée de l'huile de soja, la vitamine C naturelle tirée de l'acérola, du bêta-carotène naturel tiré d'une algue, de la poudre de tomate apportant du lycopène naturel.
Les sources de polyphénols peuvent être dans diverses substances naturelles : sous forme d'anthocyanines dans les fruits rouges, de flavonoïdes dans les agrumes, de catéchines dans le thé vert...
En ce qui concerne les oligoéléments, cofacteurs des enzymes anti-radicalaires, il sera préférable d'utiliser les sels enrobés de vecteurs favorisant leur biodisponibilité comme les hydrolysats de protéines.
Le 2e critère de qualité, c'est la dose utilisée. De nombreuses études d'intervention ont été réalisées pour étudier les effets des antioxydants à différentes doses.
Les résultats démontrent que seules les doses physiologiques sont raisonnables, alors que les doses supra-physiologiques (fortes doses) peuvent entraîner des effets délétères à moyen et long terme.

L'exemple du bêta-carotène est significatif : à dose physiologique il a un effet protecteur chez le fumeur, alors que si les doses augmentent il peut favoriser le cancer.
Le 3e critère de qualité, c'est la synergie entre les ingrédients. Un antioxydant n'agit jamais tout seul. Lorsqu'il neutralise un radical libre, il devient pro-oxydant ; il doit être neutralisé par un autre antioxydant qui lui-même va devenir oxydant.
Ainsi, lors de la lipoperoxydation des membranes cellulaires, la cascade anti-radicalaire fait successivement intervenir la vitamine E, la vitamine C, le glutathion, le NADP (Nicotinamide adénine dinucléotide phosphate), le 6-phosphogluconate, pour se stabiliser en glucose-6-phosphate.
Donner seulement de la vitamine E, ou de la vitamine C à fortes doses pour espérer avoir des effets supérieurs, n'est pas physiologique.

En cas d'agressions radicalaires intenses
La protection cellulaire peut intervenir grâce à d'autres mécanismes que la défense anti-radicalaire.
C'est le cas notamment lorsque l'agression cellulaire déforme les molécules protéiques, mettant en danger les fonctions de la cellule.
La cellule en alerte devant ce danger va fabriquer des petites protéines, nommées « protéines de stress », que l'on a appelées initialement les HSP (*heat shock protein*), parce que l'on pensait qu'elles intervenaient essentiellement en cas de choc thermique.
Depuis, les études ont montré qu'elles interviennent dans d'autres circonstances, notamment lors d'une infection (syndrome grippal, herpès, aphtes...), d'une inflammation (coup de soleil, brûlure, tendinite, poussée douloureuse d'arthrose...), en cas de choc physique (blessure, accident musculaire, hématome...), lors d'une intervention chirurgicale, un accouchement, une activité physique intense.
Les chercheurs qui se sont intéressés aux HSP, ont découvert que certaines plantes ou certaines algues avaient la propriété de

moduler la fabrication des HSP, notamment de les fabriquer plus rapidement et plus intensément.
Parmi ces plantes et ces algues, une algue rouge alimentaire, la *Porphyra umbilicalis*, qui pousse au large des côtes bretonnes, a fait l'objet d'études très intéressantes pour mettre en évidence ses effets *in vitro*.
Cette algue soumise à des conditions environnementales extrêmes (marées, sel, rayons UV) a su développer des systèmes de défense performants.

L'info du spécialiste
C'est en 1962 que des chercheurs ont, de façon involontaire, découvert les protéines de stress. En faisant des travaux sur des cellules de glandes salivaires de mouches drosophiles soumises à de fortes chaleurs, ils ont observé l'apparition de nouvelles protéines que personne ne connaissait. Ils leur ont donné le nom de HSP (*heat shock protein*), pensant que seule la chaleur était à l'origine de leur synthèse. Les protéines HSP interviennent en chaperonnant d'autres protéines du corps ayant subi des attaques radicalaires, elles vont favoriser leur réparation et leur réactivation. Si l'agression a été trop violente et que les protéines sont irréparables, les HSP vont les découper en petits morceaux afin de les éliminer plus facilement.

En cas de carence en coenzyme Q10 objectivée par la biologie et/ou en cas de traitement hypocholestérolémiant (statines)
Il faut savoir que c'est la même enzyme (la HMG-CoA réductase) qui permet la fabrication du cholestérol et du coenzyme Q10. Or, ce dernier est indispensable à la production de l'énergie par notre organisme. En cas de prise de statine il existe très souvent un déficit en coenzyme Q10. En effet, les hypocholestérolémiants, en inhibant la fabrication du cholestérol via la HMG-CoA réductase, vont également inhiber la fabrication du coenzyme Q10. Lors de carences en coenzyme Q10, les efforts physiques deviennent difficiles et les patients se plaignent de fatigabilité à l'effort.

Quel coenzyme Q10 choisir ?

Le coenzyme Q10, encore appelé Ubiquinone, sera mieux assimilé par notre organisme s'il est bio-identique à celui produit naturellement par le corps humain. Un test randomisé en double aveugle a ainsi pu démontrer que cette forme était sûre et bien tolérée par l'être humain jusqu'à 900 mg/jour. De fait, il est important que le complément alimentaire que vous choisirez contienne du coenzyme Q10 naturel issu d'une fermentation de levure.

Selon votre âge, il sera recommandé de prendre une forme spécifique de coenzyme Q10. En effet, seule l'Ubiquinone convertie en Ubiquinol peut être utilisée par l'organisme. Or, chez les personnes âgées de plus de 55 ans, chez les sportifs de haut niveau, chez les personnes soumises à un stress oxydatif important ou consommant de l'alcool ou du tabac, ou encore chez celles souffrant de pathologies cardiovasculaires, cette conversion devient paresseuse et inefficace. Dans ce cas, il sera conseillé de consommer directement la forme Ubiquinol déjà active.

L'info du spécialiste

Le coenzyme Q10 sous la forme Ubiquinone sera proposé aux personnes de moins de 55 ans : la dose de 100 mg est habituellement utilisée ; le mieux est de la prendre au cours d'un repas comportant des matières grasses afin d'augmenter l'assimilation du coenzyme Q10 soluble dans les graisses.

Le coenzyme Q10 sous la forme Ubiquinol sera lui proposé aux personnes de plus de 55 ans, aux sportifs de haut niveau, aux personnes soumises à un stress oxydatif important ou consommant de l'alcool ou du tabac, ou encore à celles souffrant de pathologies cardiovasculaires : la dose recommandée dans les études est de 100 mg par jour, à prendre au cours d'un repas comportant des matières grasses afin d'augmenter l'assimilation du coenzyme Q10.

Il est à noter que les dosages sanguins de coenzyme Q10 montrent des déficits assez fréquents si on prend comme références les VOS (valeurs optimales santé).

Des statistiques sont tenues à jour par des praticiens qui explorent ce marqueur biologique ; le coenzyme Q10 est en déficit pour près de 30 % de la population tout venant ; en ce qui concerne les sportifs de haut niveau d'entraînement, le déficit se situe entre 60 et 70 % de cette population.
Nous recommandons en micronutrition de faire ce dosage chez toutes les personnes consommant des statines et présentant des douleurs musculaires.

Les compléments plus spécifiques de la protection cellulaire

Les troubles de la vision

En cas de travail quotidien sur écran d'ordinateur, d'usage fréquent de la télévision, pour les adeptes de la lecture de nuit, durant les longs trajets sur la route, en présence d'éblouissement intense, lors d'affaiblissement anormal de la vision lorsque la lumière diminue, ou pour les étudiants en période d'examen avec sensation d'yeux fatigués.
Que doit contenir un complément antioxydant pour préserver nos yeux ?

– des polyphénols (flavonoïdes), pour leur action spécifique sur la microcirculation, la protection et la vascularisation de l'œil ;
– un extrait de myrtille, pour sa capacité antioxydante remarquable. Il a été démontré dans une étude *in vitro* que les flavonoïdes des myrtilles offraient une protection contre l'oxydation et l'inflammation des vaisseaux sanguins ;
– de la lutéine et de la zéaxanthine, deux caroténoïdes qui protègent la rétine de l'oxydation. Il faut savoir que ces deux antioxydants constituent les pigments naturels de l'œil et contribuent à filtrer la lumière bleue nocive du rayonnement solaire ;

– éventuellement, d'autres antioxydants venant renforcer la protection antioxydante (vitamine C naturelle, lycopène, bêta-carotène naturel, etc.).

L'info du spécialiste
La baie de myrtille contient des anthocyanosides qui donnent cette couleur bleue tirant vers le violet ; ce sont eux qui possèdent les effets antioxydants puissants.
L'utilisation empirique de la myrtille remonte à celle des aviateurs britanniques de la Royal Air Force qui consommaient des baies de myrtille pour affiner leur vision pendant les vols de nuit.

En cas de sécheresse oculaire
La sécheresse oculaire peut survenir suite à la prise de médicaments, après des années de port de lentilles de contact, et parfois lors de la ménopause.
Il est habituellement conseillé d'utiliser plusieurs fois par jour des gouttes de sérum physiologique ou de larmes artificielles.
Certains produits contiennent des gels lubrifiants pour améliorer l'efficacité.
L'efficacité des antioxydants pour l'œil sec en micronutrition a été observée par des spécialistes en ophtalmologie.
Depuis, des études ont démontré l'intérêt d'un acide gras essentiel, le GLA (acide gamma linolénique), qui fait partie de la composition des complexes antioxydants pour accompagner les traitements locaux de l'œil sec.

On trouve du GLA à bonne concentration dans l'huile de bourrache ; les autres ingrédients intéressants sont :
– les caroténoïdes comme le lycopène, le bêta-carotène… ;
– le zinc ;
– la vitamine E ;
– la vitamine C ;
– le sélénium.

En cas de dommages oxydatifs impliqués dans certaines pathologies oculaires (cataracte, DMLA)

L'œil est très vulnérable aux processus du vieillissement. Les pathologies comme la cataracte ou la dégénérescence maculaire liée à l'âge (DMLA) sont responsables de cécité.

De nombreuses recherches ont été effectuées pour évaluer la prévention de ces maladies par la micronutrition.

Une première étude AREDS-1 (Age related eye disease study) a été publiée en 2001, montrant l'intérêt d'une supplémentation en vitamine C, vitamine E, zinc et bêta-carotène.

Depuis, deux nouvelles études – AREDS-2 et NAT-2 (Nutritional AMD Treatment-2) – publiées en mai 2013 ont démontré que :

– la supplémentation en caroténoïdes associés aux vitamines C, E et au zinc diminue de 26 % le risque de DMLA avancée ;

– la supplémentation en DHA (oméga-3 à longue chaîne) diminue de 68 % le risque de DMLA avancée.

L'info du spécialiste

Il existe 2 formes de DMLA : la forme sèche (80 % des cas), qui n'a aucun traitement, et la forme humide (20 %), qui a fait l'objet d'une évaluation positive avec deux médicaments aux effets similaires. Ces deux médicaments sont le Lucentis des laboratoires Novartis et l'Avastin du laboratoire Roche. Ces deux médicaments injectables présentent la curiosité de coûter 800 € la dose pour le Lucentis et 50 € pour l'Avastin. Or ce dernier, pour des raisons étonnantes, ne bénéficie pas encore d'une autorisation en France...

Les troubles de la peau

En prévention, pour assurer les fonctions essentielles de la peau et des phanères

Que doit contenir un complément alimentaire antioxydant pour la peau ?

– de la L-cystéine, un acide aminé aux propriétés « rigidifiantes » majoritairement présent dans la kératine de notre peau ;

– de la silice organique, élément indispensable à la croissance des cheveux et des ongles. C'est ce minéral qui apporte de la solidité et de l'épaisseur aux phanères ;
– des antioxydants, indispensables à la synthèse de la kératine : zinc, cuivre, sélénium, vitamine E et vitamines B.

L'info du spécialiste
Il existe de nombreux produits dans le commerce pour améliorer la chevelure et les ongles fragiles. Parmi les ingrédients utilisés, on retrouve de la cystéine et de la méthionine. Ce dernier acide aminé devrait être évité pour ne pas augmenter l'homocystéine, facteur de risque cardiovasculaire.

Pour lutter contre les effets du vieillissement cutané

Que doit contenir un complément alimentaire antioxydant pour nous protéger du vieillissement cutané ?
– un extrait de grenade car cette dernière possède de nombreuses propriétés dans le domaine de la prévention du vieillissement cutané :
• elle stimule les fibroblastes et la synthèse du collagène responsable de la tonicité de la peau ;
• elle contient naturellement de l'acide ellagique, un phytostérol au fort pouvoir antioxydant qui protège, *in vitro*, la dégradation de l'élastine ;
• elle inhibe l'activité tyrosinase, une enzyme responsable de l'apparition des taches brunes.
– de l'huile de bourrache, qui contient des acides gras essentiels (acide gamma-linolénique) permettant de maintenir la souplesse et l'hydratation de la peau ;
– un complexe d'antioxydants : zinc, sélénium et manganèse, cofacteurs indispensables à la synthèse du collagène et de l'élastine.

L'info du spécialiste
Le vieillissement cutané peut apparaître prématurément.
Le responsable : le soleil, qui représente le principal facteur. L'exposition au soleil pendant de nombreuses années va avoir de lourdes répercussions.
Au début on voit apparaître de nombreuses petites rides qui vont progressivement se creuser, ainsi que des taches brunes.
La peau devient moins souple, commence à se déshydrater.
C'est dire l'importance de la protection solaire par des produits cosmétiques externes, mais également par de la cosmétique interne (voir ci-après).

En prévention des effets nocifs du soleil, en complément d'une crème solaire, en particulier pour les personnes hypersensibles aux rayons UV (risque de mélanomes, peau très claire...)
Que doit contenir un complément alimentaire antioxydant pour nous protéger efficacement du soleil ?
– de la vitamine E, du sélénium et du lycopène, antioxydants les plus performants pour limiter la pénétration des UV nocifs pour la peau ;
– de l'huile de bourrache, qui contient des acides gras essentiels aux propriétés anti-inflammatoires permettant de maintenir la souplesse et l'hydratation de la peau.

La production de radicaux libres au niveau cutané est surtout provoquée par les UVA.
Les lésions vont toucher les protéines, les lipides des membranes et l'ADN dans le noyau des cellules de la peau.
Les radicaux libres entraînent l'activation de molécules appelées « facteurs de transcription » qui vont faciliter la production de protéines responsables de la dégradation des fibres de collagène et d'élastine qui soutiennent les tissus cutanés.
En plus, la synthèse de collagène et d'élastine est freinée. Le résultat, c'est une perte de souplesse et d'élasticité de la peau.

En cas de troubles circulatoires

Par exemple : insuffisance veineuse, varices, varicosités, œdèmes, fragilité capillaire, ecchymoses spontanées...

Que doit contenir un complément alimentaire lorsque l'on souffre de troubles circulatoires ?
– des OPC. Les OPC (oligo-proanthocyanidines) sont des composés faisant partie de la famille des flavonoïdes. Ils possèdent une affinité particulière avec le collagène qui forme le tissu conjonctif de l'organisme notamment la peau, les tendons, les ligaments et cartilages ainsi que la paroi des vaisseaux sanguins. En se liant au collagène, les OPC contribuent à préserver l'intégrité de la structure du tissu conjonctif ;
– des antioxydants généraux pour renforcer la protection antioxydante : vitamine E, vitamine C, vitamines B.

L'info du spécialiste
Les vaisseaux subissent de nombreuses agressions, en particulier le tabac, l'hypertension artérielle, les radicaux libres.
Cette agression entraîne une fragilité des jonctions entre les cellules des vaisseaux, ce qui va entraîner une augmentation de la perméabilité des vaisseaux.
Face à cette effraction, les cellules immunitaires qui circulent dans le vaisseau vont être appelées pour réparer les lésions. La réparation entraîne une inflammation locale qui peut devenir chronique si les agressions persistent.

Les troubles du cartilage, l'arthrose

Que doit contenir un complément alimentaire spécifique des troubles du cartilage ?
– 1 200 mg de glucosamine sulfate (doses conformes aux recommandations de l'EULAR (Ligue européenne contre le rhumatisme). Plusieurs études ont révélé que la glucosamine est efficace dans le traitement de l'arthrose seulement sous forme de sulfate et à une dose égale ou supérieure à 1 200 mg/jour ;

– 800 mg de chondroïtine sulfate. Différentes études ont montré que la chondroïtine sulfate était efficace dans le traitement de l'arthrose à une dose égale ou supérieure à 800 mg/jour. Cet effet se prolonge après l'arrêt du traitement. L'association de chondroïtine et de glucosamine s'avère encore plus efficace ;
– des substances puissamment anti-inflammatoires comme le curcuma, le gingembre ou le galanga, pour renforcer la protection antioxydante et les effets de la chondroïtine et de la glucosamine ;
– des insaponifiables de soja et d'avocat ;
– des oméga-3.
Outre-Atlantique, deux substances sont largement utilisées dans l'arthrose :
– la SAM-e (S-adénosyl-L-méthionine), non commercialisée en France ;
– le MSM (méthyl-sulfonyl-méthane).

L'info du spécialiste
Les compléments alimentaires contenant de la chondroïtine sulfate sont contre-indiqués en cas d'allergie à la chondroïtine sulfate chez les enfants de moins de 16 ans et les femmes enceintes et allaitantes. Curieusement, malgré l'intérêt de toutes ces substances pour protéger les articulations de l'arthrose, les autorités sanitaires européennes ont interdit en 2012 aux compléments alimentaires qui en contiennent de revendiquer des allégations santé concernant l'arthrose. Les avis de l'EULAR (Ligue européenne contre le rhumatisme) n'ont pas été retenus.

Les troubles de la prostate

Que doit contenir un complément alimentaire spécifique des troubles de la prostate ?
– du lycopène de tomate qui, selon plusieurs études scientifiques, a montré son intérêt en prévention du cancer de la prostate ;

– du sélénium, dont une étude a également mis en avant l'intérêt en prévention du cancer de la prostate ;
– de la vitamine E, qui contribue à protéger les cellules du stress oxydatif ;
– de l'huile de graines de courge, riche en phytostérols. L'Organisation mondiale de la santé reconnaît l'usage médicinal des graines de courge pour soulager les symptômes de la vessie irritable et des troubles de la miction associés à l'hypertrophie bénigne de la prostate. Bien qu'on n'ait pas encore élucidé le mécanisme d'action du phytostérol dans le traitement de l'hypertrophie bénigne de la prostate, on soupçonne qu'il inhibe la 5 alpha-réductase, une enzyme qui joue un rôle important dans l'apparition de ce trouble ;
– un extrait de palmier nain, soutenant un flux urinaire normal ;
– un extrait de lin, permettant de réguler l'activité hormonale utile pour la prévention du cancer de la prostate[1].

L'info du spécialiste
Les compléments alimentaires de la prostate sont intéressants dans l'hypertrophie bénigne de la prostate, appelée également « adénome de la prostate ».
En revanche, il faut rappeler que tout trouble fonctionnel urinaire doit être évalué par un médecin pour éliminer la présence d'un cancer de la prostate.

Les troubles métaboliques
Les troubles métaboliques sont l'hypercholestérolémie, l'hypertriglycéridémie, l'hyperglycémie... Pour davantage de précisions, voir p. 227.

Que doit contenir un complément alimentaire spécifique des troubles métaboliques ?

---

1. Touilland M.S. et al., « Dictary lignan intake and postmenopausal breast cancer risk by estrogen and progesterone receptor status », *Journal of the National Cancer Institute*, 2007, 99(6), 475-486.

– du resvératrol, un flavonoïde de la famille des polyphénols connu pour son activité antioxydante. Le resvératrol fait actuellement l'objet de recherches intenses tant *in vitro* qu'*in vivo*. Il semble posséder des effets particulièrement intéressants notamment au niveau du métabolisme lipidique et glucidique ;
– de la curcumine, un polyphénol issu du curcuma, extrêmement protecteur, antioxydant et anti-inflammatoire ;
– de la quercétine, un polyphénol aux effets anti-inflammatoires, antiallergiques et protecteurs cardiovasculaires ;
– de la N-acétylcystéine (NAC), qui participe à de nombreuses fonctions métaboliques : synthèse des acides gras, formation de la peau, des ongles et des cheveux, production d'hormones, etc. Elle est notamment nécessaire à la synthèse du glutathion, un antioxydant important, et permet de le maintenir en quantité satisfaisante à l'intérieur des cellules de notre organisme ;
– éventuellement d'autres antioxydants pour venir renforcer l'efficacité des nutriments précités : zinc, manganèse, sélénium, acide alpha-lipoïque, vitamines B...

L'info du spécialiste
Certains ingrédients possèdent de multiples effets puisqu'ils permettent de lutter contre l'oxydation, l'inflammation et l'insulino-résistance, et qu'ils favorisent la neuro-protection et les modulations épigénétiques (voir p. 27).
Ces molécules font partie de la famille des polyphénols et ressemblent à de véritables fontaines de jouvence. Parmi elles, le resvératrol, la quercétine et la curcumine.

Les troubles spécifiques de la glycémie (hyperglycémie due au diabète de type 2)

Les complications du diabète (rétinopathie, néphropathie, neuropathie, complications cardiovasculaires) sont fortement liées à l'état d'hyperglycémie. L'élévation du glucose sanguin est associée à une augmentation très importante du stress oxydatif qui favorise le développement du diabète en perturbant la sécrétion d'insuline ou en augmentant l'insulino-résistance. Outre la prise de compléments alimentaires, il est incontournable de veiller à consommer de façon équilibrée ces glucides, tant d'un point de vue quantitatif que qualitatif (voir « Au pays de Candi : les glucides » p. 81).

Quels sont les ingrédients spécifiques des troubles de la glycémie ?
- la cannelle. La présence de cannelle offre deux avantages. D'une part, elle fait partie des épices les plus antioxydantes (indice ORAC très élevé, voir p. 159) et donc les plus protectrices trouvées dans l'alimentation. D'autre part, les composés antioxydants qu'elle contient permettent de diminuer de façon significative la concentration de glucose dans le sang ;
- le chrome. Il s'avère que cet oligoélément est apte à équilibrer la glycémie ;
Dosage généralement conseillé : 20 µg/jour.

À propos de la cannelle, une étude publiée en Autriche par l'équipe de Weitgasser, a confirmé l'intérêt de cette épice dans le diabète. L'étude, portant sur 100 personnes en double aveugle contre placébo, utilisait 350 mg d'extraits de cannelle pendant 3 mois. Les marqueurs biologiques ont été améliorés, en particulier l'hémoglobine glyquée.

D'autres ingrédients ont également la réputation d'agir sur le risque métabolique, notamment :
- la biotine ou vitamine B8 ;
- le calcium ;
- le magnésium ;
- les vitamines C, E et les vitamines B.

Le foie

Le foie joue, entre autres fonctions, le rôle de filtre des toxines de l'organisme. Son but est de rendre les déchets présents dans l'organisme solubles dans l'eau afin qu'ils puissent être éliminés par les urines. Si ce processus ne se fait pas bien, on assiste alors à une production très importante de radicaux libres. Sans détoxication hépatique correcte, les toxines et les molécules oxydatives délétères s'accumulent et peuvent provoquer à la longue la survenue de maladies.

Quelques symptômes et situations pouvant faire suspecter un foie paresseux
Fatigue et lourdeur après les repas, écœurement matinal, haleine chargée le matin, effets secondaires marqués lors de la prise de médicaments, difficultés à supporter l'alcool ou la caféine même consommés en petite quantité, intolérance aux parfums, sensation d'avoir l'esprit embrumé...

Que doit contenir un complément alimentaire spécifique de la détoxication hépatique ?
- du curcuma, qui présente le triple avantage d'être puissamment anti-inflammatoire, antioxydant et hépato-protecteur ;
- un extrait de poivre noir (pipérine), afin d'optimiser l'assimilation de la curcumine, le principe actif contenu dans le curcuma.

Certaines plantes pourront être associées aux compléments de la détoxication hépatique, en particulier :
- la feuille d'artichaut ;
- le radis noir ;
- le desmodium.

La phytothérapie de la protection cellulaire

Lors d'une consultation en micronutrition, certaines plantes pourront également vous être conseillées. Elles viendront compléter et optimiser l'action des compléments alimentaires ainsi que des conseils nutritionnels associés. En voici quelques-unes :

– le numéro un de notre protection cellulaire reste le curcuma. On l'utilisera en extrait standardisé de plantes fraîches aussi bien pour les inflammations ostéo-articulaires, les troubles cardiovasculaires et métaboliques, la détoxication hépatique que, souvenez-vous, pour les colopathies et les inflammations intestinales ;

– dans des situations plus spécifiques relatives aux problèmes circulatoires (insuffisance veino-lymphatique) : le mélilot et la vigne rouge se montreront performants ;

– suivant les problématiques individuelles : l'hamamélis, le ginkgo, le marronnier d'Inde pourront également être conseillés ;

– en cas de plaintes ostéo-articulaires, suivant la problématique individuelle, il sera possible d'associer au curcuma : du cassis, de la scrofulaire, de la reine-des-prés, du saule ou encore de la prêle ;

– pour les troubles de la prostate (hypertrophie bénigne de la prostate), c'est l'ortie racine associée au curcuma qui sera volontiers utilisée ;

– pour certains troubles dermatologiques plus spécifiques (acné, couperose, retard de cicatrisation...), d'autres plantes viendront optimiser la prise en charge nutritionnelle et micronutritionnelle : bardane, pensée sauvage, plantain, scrofulaire, vigne rouge, etc. ;

– enfin, pour les troubles chroniques de l'immunité (allergies, infections à répétition) à l'origine d'une production accrue de radicaux libres, on pourra conseiller par exemple du cyprès, de l'échinacée, du plantain, de la réglisse, du cassis, etc.

Conclusion intermédiaire

Dans la perspective de bien nourrir notre protection cellulaire, nous avons vu que notre alimentation devait lui apporter chaque jour des antioxydants variés. Ces antioxydants seront largement fournis par les végétaux, en l'occurrence les fruits et les légumes, auxquels vous ferez la part belle au quotidien. D'autres, comme le zinc et le sélénium, seront quant à eux préférentiellement choisis dans les produits d'origine animale comme les fruits de mer, les poissons ou le foie.

Toutefois, il sera possible d'en être déficitaire pour plusieurs raisons :
– soit parce que nos habitudes alimentaires, parfois malgré nous, s'avèrent déséquilibrées (trop de protéines, de graisses ou de sucre et pas assez d'huiles végétales riches en acides gras essentiels, de poissons, de fruits, de légumes, de légumineuses et de céréales complètes...) ;
– soit parce qu'une maladie ou que certaines habitudes en augmentent intensément nos besoins. C'est notamment le cas lorsque l'on fume, que l'on boit trop d'alcool, que l'on se drogue, que l'on prend des médicaments quotidiennement, que l'on pratique du sport à haute dose, que l'on vit dans un environnement pollué, que l'on s'expose régulièrement aux UV... Tous ces facteurs entraînent un besoin accru en antioxydants qu'il sera difficile de pallier seulement par l'alimentation ;
– soit, de façon plus fataliste, parce que notre patrimoine génétique nous impose un besoin plus élevé en micronutriments protecteurs.

Dans ces conditions spécifiques, une prise en charge en micronutrition incluant une complémentation s'avérera d'une aide précieuse.

Mais il nous reste encore un dernier maillon à soigner : notre communication cellulaire. Imaginez que vous soyez coincé au fond d'un gouffre, sans téléphone ni aucun autre moyen pour faire entendre votre détresse… Comment faire ? Il est évident que sans communication, nos capacités d'action ou d'expression sont sérieusement mises à mal. C'est exactement la même chose pour notre propre communication cellulaire. Des cellules confinées dans leur coin deviennent incapables de transmettre ou de recevoir correctement les informations. Débâillonnons-les sans plus attendre !

Ma communication cellulaire ne passe plus

« Allô la Terre ? Ici la Lune ! » Rien à faire, pas de réponse, la communication ne passe plus. Aux confins de l'infinitésimale biochimie de l'organisme, un bug menace l'intégrité de notre moi. Au programme, remise à niveau de l'huile et déboulonnage minéral... vous verrez, on s'entend tout de suite beaucoup mieux !

Évaluez votre communication cellulaire

Pour les réponses en 0-1-2 : si la réponse est jamais, entourez le 0 ; si la réponse est parfois, entourez le 1 ; si la réponse est souvent, entourez le 2. Pour les réponses en 0-2 : 0 = non et 2 = oui.

QMS / Communication cellulaire

1. J'ai la peau sèche ou j'utilise des crèmes hydratantes pour ma peau. 0 - 2
2. Je fais de l'eczéma ou je fais du psoriasis. 0 - 2
3. Je perds mes cheveux, ils sont ternes, cassants. 0 - 1 - 2
4. Mes ongles sont cassants, ils se dédoublent. 0 - 1 - 2
5. J'ai les jambes lourdes, des troubles veineux. 0 - 1 - 2
6. J'ai les extrémités froides ou j'ai des fourmillements aux extrémités. 0 - 1 - 2

7. Pour les femmes : J'ai des troubles avant les règles (seins tendus, douleurs, fatigue, déprime). 0 - 1 - 2
   Pour les hommes : Lorsque je reste longtemps debout, j'ai des œdèmes autour des chevilles. 0 - 1 - 2
8. Je suis vulnérable aux infections (ORL, pulmonaires, urinaires, digestives, génitales...). 0 - 1 - 2
9. J'ai des problèmes avec ma mémoire, de concentration. 0 - 1 - 2
10. Je suis anxieux(se) ou je suis déprimé(e). 0 - 1 - 2
11. J'ai souvent fait des régimes. 0 - 2
12. Je consomme régulièrement des sodas. 0 - 2
13. Je rajoute du sel dans mon assiette. 0 - 2
14. Je fais de l'œdème et/ou de la rétention d'eau. 0 - 1 - 2
15. Je fais des tendinites. 0 - 1 - 2
16. J'ai régulièrement des crampes. 0 - 2
17. Je me blesse quand je fais du sport (contractures, élongations, claquages). 0 - 1 - 2
18. Je fais des crises de colique néphrétique et/ou j'ai des calculs rénaux. 0 - 2
19. Je prends un traitement pour l'hypertension. 0 - 2
20. J'ai de l'ostéoporose. 0 - 2

SCORE TOTAL Communication cellulaire ....../40

Cotation :
0 : 0 point
1 : 1 point
2 : 2 points

Interprétation des scores :
Perturbation faible : score de 0 à 9
Perturbation moyenne : score de 10 à 19
Perturbation forte : score de 20 à 29
Perturbation très forte : score de 30 à 40

Comment je nourris ma communication cellulaire

Nous avons vu dans la première partie que la communication cellulaire dépendait de deux facteurs :

– la composition en acides gras des membranes, qui se renouvellent régulièrement grâce aux apports alimentaires ;
– l'équilibre acido-basique, sous l'influence du pouvoir acidifiant des aliments consommés chaque jour.
Nous allons découvrir ensemble comment trouver le bon équilibre de vos acides gras et quels sont les secrets d'un bon équilibre acide-base.

Comment trouver le bon équilibre de mes acides gras ?

Les aliments riches en acides gras saturés et en cholestérol

Les viandes
Quelques repères de consommation :

– bœuf, taureau, cheval, gibier : en moyenne 1 à 2 portions/semaine ;
– dinde, poulet, canard, pintade, lapin, porc, veau : en moyenne 2 portions/semaine ;
– l'agneau et le mouton sont les viandes les plus grasses. Leurs graisses sont en majorité mono-insaturées, comme dans l'huile d'olive, mais elles renferment aussi une proportion très élevée de graisses saturées ; il est donc conseillé de les consommer avec parcimonie.

Que représente une portion de viande ?

- 1 faux filet (120 g) ;
- 1 cuisse de poulet ;
- 2 côtelettes d'agneau ;
- 1 escalope de veau.

Comment consommer de la viande ?
- enlevez la peau des volailles après la cuisson ;
- préférez les volailles ou les animaux élevés en plein air ou labellisés Bleu-Blanc-Cœur. Ils vous apporteront ainsi davantage d'oméga-3 ;
- débarrassez la viande de toute graisse visible avant de la faire cuire ;
- ne consommez pas de grosses portions. Pour cela, faites en sorte que votre morceau de viande ne représente pas plus d'1/3 de l'assiette.

Les charcuteries
Ce sont les saucisses, saucissons, pâtés, rillettes, rognons, salamis, chorizos, bacons, boudins, gésiers de volaille, mortadelles, foies gras, jambons.
Il convient de ne pas en consommer plus de 3 portions/semaine. La teneur en graisses des charcuteries varie considérablement : le jambon cuit dégraissé est un aliment réellement maigre alors que les rillettes, par exemple, peuvent en contenir une quantité très importante. Les graisses contenues dans les charcuteries sont abondamment saturées. Toutefois, elles renferment également des graisses mono-insaturées (comme dans l'huile d'olive) et une petite part de graisses polyinsaturées avec un ratio oméga-6/oméga-3 très déséquilibré en ce qui concerne les charcuteries classiques.
Nous vous conseillons de ne pas dépasser les 3 portions/semaine, y compris pour les charcuteries les moins grasses, étant donné qu'elles contiennent d'autres éléments pouvant s'avérer délétères

pour notre santé : des nitrates et des nitrites susceptibles de former des composés cancérigènes (les nitrosamines) accusés de provoquer des cancers digestifs. Mais aussi car elles apportent trop de sel et déséquilibrent notre balance acido-basique comme nous en reparlerons plus en détail au chapitre suivant.

Que représente une portion de charcuterie ?

- 1 tranche de jambon ;
- 4 tranches de saucisson ;
- 40 g de rillettes ou de pâté.

Comment bien choisir sa charcuterie ?
- choisir des produits issus d'animaux élevés en plein air et nourris avec une alimentation riche en oméga-3 (labellisés Bleu-Blanc-Cœur) et si possible allégés en sel ;
- choisir, autant que faire se peut, des charcuteries sans sel nitrité. La marque de charcuterie Hénaff propose par exemple des pâtés de jambon, de foie et de campagne fabriqués à partir de viande Bleu-Blanc-Cœur. Ces produits présentent des teneurs en oméga-3 multipliées par 3 par rapport à la moyenne française des pâtés. Le rapport oméga-6/oméga-3 est inférieur à 5.

À propos de la filière Bleu-Blanc-Cœur

Il s'agit d'une association créée dans les années 2000. Son travail consiste à réhabiliter et à défendre certaines cultures traditionnelles, au nom de la biodiversité, du respect et de l'équilibre de la chaîne alimentaire. Les produits alimentaires (œufs, viande, produits laitiers, beurre...) portant le label Bleu-Blanc-Cœur proviennent d'animaux dont l'alimentation est riche en oméga-3 (lin, luzerne, chanvre). Pour trouver les produits Bleu-Blanc-Cœur : http://www.bleu-blanc-coeur.com/Produits-bleu-blanc-coeur/Tous-les-produits

Les œufs

Vous pouvez consommer de 2 à 7 œufs/semaine. Bien que le jaune d'œuf soit riche en cholestérol (un œuf couvre à lui seul les besoins quotidiens en cholestérol !), il s'agit aussi d'un aliment précieux nous apportant beaucoup de choline. Rappelez-vous, la choline est le précurseur de l'acétylcholine, un neurotransmetteur du cerveau utile à nos facultés de mémorisation. Mais ce n'est pas tout, puisque ce nutriment aide également le foie à exporter les triglycérides et empêche le dépôt du cholestérol dans les artères.

De fait, la teneur élevée en cholestérol des œufs doit-elle nous inquiéter pour notre santé cardiovasculaire ? Les chercheurs pensent que non, car la forme de cholestérol (large et peu dense, c'est-à-dire non athérogène) contenue dans cet aliment ne serait pas préjudiciable. Selon plusieurs études récentes, manger un œuf chaque jour quand on est en bonne santé n'augmenterait pas le risque de maladies ou d'accidents cardiovasculaires, et ce d'autant moins qu'il proviendrait de poules élevées en liberté et dont la nourriture serait riche en oméga-3.

Quoi de neuf pour l'œuf ?

L'œuf Columbus ou de la filière Bleu-Blanc-Cœur a déjà fait l'objet de nombreuses études pilotes. Une des dernières en date a été effectuée à Téhéran auprès de 42 étudiants sains[1]. Ces jeunes devaient consommer 2 œufs Columbus/jour, pendant 6 semaines. Les résultats confortent les données des travaux précédents, à savoir la stabilité du cholestérol total, une augmentation du cholestérol HDL (+13 %), une nette diminution des triglycérides (– 23 %). Mais ce n'est pas tout : l'insulinémie à jeun a diminué de 28 % et la protéine C réactive, un marqueur de l'inflammation, affiche une baisse de 13 %.

1. Fakhrzadeh H., Pourebrahim R. et Taheri E., « The effects of omega-3 rich eggs (Columbus®) on serum lipid profiles, high sensitivity CRP and fasting insulin levels in healthy volunteers », *Proceedings of the 2nd International Congress on the Columbus® Concept*, Sept. 25-27th, 2003.

Comment bien choisir ses œufs ?
Nous vous conseillons d'acheter des œufs fermiers, pondus par des poules élevées librement et ayant pu picorer toutes sortes de petits végétaux, de vers ou d'escargots naturellement riches en oméga-3. Vous pouvez également opter pour des œufs labellisés Bleu-Blanc-Cœur. À ce titre, vous bénéficierez d'un produit fini particulièrement intéressant pour votre santé. Il faut savoir qu'un œuf riche en oméga-3 vous apporte en moyenne 100 mg de DHA, un oméga-3 extrêmement important pour l'immunité, le cœur, le cerveau, les yeux, et qui permet de se prémunir des inflammations...

Les laitages
Consommez 3 portions de laitage/jour maximum (si vous ne faites pas d'allergie aux protéines de lait ou d'intolérance au lactose).

Riches en graisses saturées, en cholestérol, voire en sel pour les fromages, ils peuvent altérer rapidement notre équilibre acido-basique (voir p. 48) et notre santé, y compris cardiovasculaire. C'est pour cette raison qu'il est primordial de ne pas en abuser.

Que représente une portion de laitage ?

- 1 yaourt ;
- 40 g de fromage.

Comment bien choisir ses laitages ?
Préférez-les issus de l'agriculture biologique ou d'animaux élevés en plein air afin de bénéficier d'un apport supplémentaire en oméga-3.

Le beurre
Limitez votre consommation de beurre à 10 g/jour pour les femmes et 15 g/jour pour les hommes.

Le beurre renferme beaucoup de graisses saturées et de cholestérol. Toutefois, sa consommation quotidienne en petite quantité et cru (sur les tartines ou pour l'assaisonnement des céréales) est recommandée. Effectivement, il apporte notamment de l'acide myristique, une graisse aux effets biologiques importants (la myristoylation des protéines).

Comment bien choisir son beurre ?
Préférez le beurre issu de l'agriculture biologique en raison de l'affinité qu'ont de nombreux pesticides avec les matières grasses laitières ou du beurre fermier si possible labellisé Bleu-Blanc-Cœur.

Les aliments riches en oméga-6 (acide linoléique) et en oméga-3 (acide alpha-linolénique, EPA et DHA)

Les oléagineux
Ils sont naturellement riches en acides gras mono-insaturés et contiennent également des acides gras polyinsaturés (oméga-3). Toutefois, ils apportent aussi beaucoup, voire beaucoup trop, d'oméga-6, ce qui peut déséquilibrer le rapport équilibré entre oméga-6 et oméga-3. Seules les noix, les graines de lin et de chia affichent un ratio oméga-6/oméga-3 inférieur ou égal à 4.

1/2 à 1 portion/jour	0 à 3 portions/semaine	À éviter
Amandes, noix de Grenoble, graines de lin, graines de chia.	Cacahuètes, graines de sésame, noix de Macadamia, noix du Brésil, noix de pécan, noix de cajou, noisettes, pistaches, graines de courge.	Graines de tournesol.

Que représente une portion d'oléagineux ?

- 6 noix entières ;
- 20 amandes ;
- 1 cuil. à café de graines de lin moulues ;
- 1 cuil. à café de graines de chia ;
- 1 cuil. à café de « beurre » d'oléagineux.

Comment bien choisir et consommer les oléagineux ?
Choisissez vos oléagineux, si possible, issus de l'agriculture biologique et au naturel, c'est-à-dire ni salés ni grillés afin de préserver leurs vertus nutritionnelles. N'hésitez pas à les incorporer dans vos salades, votre pain, vos céréales du petit déjeuner ou grignotez-les en en-cas ou au goûter.

La graine de lin contient environ 23 % de fibres alimentaires. Elle peut, dans certains cas, être efficace contre la constipation et les colites. Comme toutes fibres, celles de la graine de lin peuvent réduire le risque de cancer du côlon en stimulant les intestins et en réduisant le contact trop prolongé de substances au potentiel cancérigène sur la paroi du côlon. Les fibres solubles de la graine de lin peuvent être bénéfiques pour réduire les risques de maladies cardiaques (baisse du cholestérol) et aider à un meilleur contrôle du diabète. La graine de lin est l'un des aliments les plus riches en acide alpha-linolénique (oméga-3).

Les lignanes de la graine de lin sont des composés capables de moduler l'activité des œstrogènes dans notre organisme. Elles peuvent ainsi réduire certains désagréments comme les bouffées de chaleur de la ménopause et le syndrome prémenstruel. Les lignanes pourraient aussi prévenir certains cancers hormono-dépendants tels que les cancers du sein, de l'endomètre et de la prostate. Il semble qu'elles soient également un atout pour la prévention de l'ostéoporose.

Comment consommer les graines de lin ?

La graine de lin étant coriace sous la dent, il est impératif de la consommer finement moulue pour éviter une irritation intestinale et pour bénéficier de ses substances nutritives. Pour cela, utilisez un blender ou un mixeur puissant ou encore un moulin à céréales ou à café. Vous pouvez broyer vos graines à l'avance pour toute la semaine à condition de les enfermer hermétiquement dans un

récipient et de les conserver à l'abri de la lumière au réfrigérateur. Vous trouverez des graines de lin dorées (deux fois moins riches en fibres que les brunes) ou brunes plus facilement en magasin diététique.
Ajoutez vos graines de lin moulues dans une compote, un yaourt, un smoothie ou un jus de fruits, dans les céréales du petit déjeuner, sur les crudités, dans un plat après cuisson... Vous pouvez également incorporer des graines entières dans le pain.

Les graines de chia renferment elles aussi des oméga-3. Elles contiennent également de l'acide gamma-linoléique (GLA 5 à 8 %), un oméga-6 aux propriétés bienfaisantes pour la peau, pour l'équilibre hormonal et nerveux et aux propriétés anti-inflammatoires. Le GLA peut, chez certaines personnes, être mal synthétisé. Pour cette raison, ces graines sont avantageuses. Seules les huiles de bourrache (20 % de GLA), d'onagre (10 % de GLA) – que l'on trouve souvent sous forme de compléments alimentaires – et de chanvre (2 % de GLA) contiennent ce type d'acide gras.

Les graines de chia sont relativement petites et peuvent être de couleurs différentes : brunes, blanches, beiges ou grisâtres. Ces différences n'entraînent aucune incidence sur leur valeur nutritive. Le chia se mange tel quel (à condition de bien mastiquer les graines) ou bien moulu à l'instar des graines de lin. Il est alors possible de l'incorporer dans des compotes, des yaourts, des mueslis... ou d'en saupoudrer les crudités.

Les huiles d'assaisonnement
Afin de respecter l'équilibre entre oméga-6 et oméga-3, certaines huiles seront à privilégier pour leur apport en acide alpha-linolénique : l'huile de colza, de noix ou encore de cameline. On pourra éventuellement leur adjoindre, à part égale, de l'huile d'olive afin de profiter de ses acides gras mono-insaturés (oméga-9) performants pour une bonne santé cardiovasculaire. En réalité, le but est

de parvenir à adopter une alimentation méditerranéenne d'inspiration crétoise, c'est-à-dire apportant à la fois de l'huile d'olive mais également des aliments riches en oméga-3. Il faut savoir que l'alimentation crétoise traditionnelle permet de réduire de 50 % (par rapport à notre population) les risques d'infarctus du myocarde, les accidents vasculaires cérébraux ainsi que les risques de cancers. Plusieurs études[1] ont d'ailleurs prouvé son intérêt.

Le modèle crétois

– du pain complet ou aux céréales ou au levain ;
– des légumes verts cuits et crus ;
– du poisson cuit ou cru et un peu de volaille ;
– des fruits frais ;
– un peu de fromage à pâte cuite de chèvre ou de brebis ;
– des herbes aromatiques (basilic, ciboulette, estragon, thym...) ;
– des oignons et de l'ail ;
– de l'huile d'olive et de colza biologiques de première pression à froid ;
– de l'eau ;
– un petit verre de vin rouge au repas.

Nous avons vu p. 84 les apports des différentes huiles et dans quelles quantités les consommer. Rappelons qu'il est important de choisir des huiles vierges et de première pression à froid.

L'intérêt de l'huile de cameline résulte du fait qu'elle apporte la quantité d'oméga-3 recommandée au quotidien, mais avec un faible volume (1 cuil. à café/jour suffit). Ainsi, elle peut être notamment recommandée dans le cadre d'un régime amaigrissant où l'apport calorique doit être contrôlé, tout en permettant de ne pas se carencer en acides gras essentiels.

---

1. Parmi lesquelles la célèbre étude de Lyon : De Lorgeril M., Renaud S. et al., « Mediterranean alpha-linolenic acid-rich diet in secondary prevention of coronary heart disease », *Lancet*, juin 1994, 343 (8911), 1454-1459.

Notre coup de cœur

Les huiles aromatiques Escofine olive/colza au macérât d'ail frais ou de basilic ou de citron ou d'estragon ou aux herbes de Provence offrent une qualité gustative exceptionnelle tout en respectant l'équilibre de nos apports en acides gras. Elles permettent de faire varier, au gré de nos envies, la saveur des mets (crudités, céréales, légumes, poissons...). Pour préserver les propriétés et les qualités gustatives des fruits et des herbes aromatiques, Escofine a choisi la technique du cryobroyage : congelée à l'état frais immédiatement après la cueillette, chaque plante est ainsi conservée, puis finement broyée à froid (– 20 °C). La plante libère alors ses arômes, ce qui confère à l'huile la saveur incomparable des herbes fraîchement coupées. Ce produit a reçu une distinction en 2009 : le Trophée Natexpo[1].

La qualité Escofine

Toutes les huiles végétales Escofine sont vierges (appellation vierge extra pour l'olive), réalisées à partir de matières issues de l'agriculture biologique – certifiées Ecocert – et extraites à froid. Leur conditionnement en flacons opaques permet de limiter l'oxydation et d'obtenir une meilleure conservation. Les huiles extraites à froid ne sont jamais raffinées. Pendant le processus d'extraction, elles ne sont jamais chauffées à plus de 50 °C, ce qui préserve leur qualité nutritionnelle et gustative.

Leur ratio oméga-6/oméga-3 est en moyenne égal à 3, ce qui s'avère un excellent rapport si l'on tient compte des recommandations actuelles qui préconisent un ratio inférieur à 5. Vous trouverez ces huiles en pharmacie, en magasin bio ou par correspondance.

1. Natexpo est un salon professionnel de produits biologiques, diététiques et écologiques.

Les huiles pour les cuissons

Tout corps gras qui fume devient toxique pour la santé. Toutefois, étant donné que l'huile d'olive supporte des températures relativement élevées, nous vous la conseillons pour vos cuissons. Il est également possible d'utiliser l'huile de noisette dont la composition ressemble à celle de l'olive. Pensez aussi, de temps en temps, à la graisse d'oie, stable à la chaleur puisqu'elle comporte des acides gras mono-insaturés identiques à ceux de l'huile d'olive. Cependant, les oies étant nourries avec du maïs, particulièrement riche en oméga-6, il est important que ce choix ne devienne pas coutumier.

Les jeunes pousses

La mâche, le pourpier, les épinards et les jeunes pousses contiennent de l'acide alpha-linolénique et présentent un ratio oméga-6/oméga-3 bien équilibré. Pensez à les inscrire régulièrement au menu.

Les poissons gras et produits de la mer

Les poissons gras sont riches en acides gras oméga-3 à longues chaînes, que l'on appelle EPA et DHA. En théorie, il est possible à l'être humain de les fabriquer lui-même à partir des autres oméga-3 (en l'occurrence l'acide alpha-linolénique) issus de l'alimentation et que l'on trouve, comme nous venons de le voir, dans les huiles de colza ou de noix par exemple. Malheureusement, en pratique, cette transformation peut s'avérer bien insuffisante, surtout lorsque l'enzyme nécessaire au processus devient inopérante. Or, il se trouve qu'une kyrielle de contraintes dont certaines carences en vitamines et minéraux (vitamine B6, zinc, fer, magnésium), le vieillissement, le diabète, le stress, la présence d'un virus... empêchent une production suffisante en EPA et DHA. Pour toutes ces raisons, la consommation de graines de lin, de noix ou d'huile de colza peut s'avérer insuffisante. Afin de se procurer directement les acides gras à longues chaînes, il est aussi nécessaire de consommer des aliments qui en contiennent naturellement. On les trouvera dans les poissons gras, les coquillages, les crustacés, les mollusques ou encore dans les œufs de poules nourries avec une alimentation riche en oméga-3 (voir p. 87). Les EPA et DHA sont essentiels à notre communication cellulaire. Ce sont eux en particulier qui préservent nos fonctions cérébrales, rétiniennes et cardiaques. Ils apportent également une protection contre toutes les maladies chroniques à composante inflammatoire (arthrose, psoriasis, allergies, asthme...). Ils se montrent utiles dans les dépressions ou pour ralentir les déclins cognitifs. Enfin, ils sont incontournables pour la fertilité et pour le développement intellectuel et visuel des bébés.

En pratique

Consommez :
– au moins 1 fois/semaine des poissons très riches en EPA et DHA : maquereau, hareng, sardine, pilchard, flétan, daurade et saumon ;
– au moins 1 fois/semaine des poissons riches en EPA et DHA : chevaine, morue noire, truite grise, truite saumonée, capelan, lavaret, thon albacore ou germon.

En complément, consommez des poissons modérément riches en EPA et DHA : truite arc-en-ciel, bar, éperlan, mulet, goberge. Pensez aussi aux huîtres, crevettes, moules, escargots qui contiennent un peu d'EPA et de DHA. Rappelez-vous, ces derniers contiennent aussi des phospholipides de qualité (choline), importants pour notre cerveau.

Ensuite, si vous le souhaitez, vous pouvez consommer en plus des poissons maigres (cabillaud, colin, lieu, merlu, sole, turbot, tacaud...).

Plus globalement, on conseille environ 3 portions/semaine de poissons et produits de la mer.

Veillez à choisir des espèces de saison et n'étant pas menacées par la pêche industrielle. Misez sur les poissons éco-labellisés. Pour cela, consultez le lien suivant via Internet : www.msc.org/ou-acheter/recherche-produits

Pour 100 g	EPA (g)	DHA (g)
Poissons gras (>5 % de lipides)		
Anguille	0,26	0,57
Hareng	2,04	0,68
Maquereau	0,63	1,12
Sardine	0,58	0,81
Saumon	0,75	1,86
Thon	1,38	2,08
Poissons demi-gras (1-5 % de lipides)		
Carpe	0,19	0,10
Truite	0,14	0,48
Flétan	0,14	0,37
Sébaste	0,26	0,16
Plie	0,25	0,19
Poissons maigres (<1 % de lipides)		
Cabillaud	0,07	0,19
Aiglefin	0,07	0,15
Perche	0,05	0,12
Fruits de mer		
Crevettes	0,21	0,16
Encornets	0,2	0,4
Calmar	0,1	0,2
Huîtres	0,3	0,2
Moules	0,1	0,1
Palourdes	0,2	0,2
Bigorneaux	0,5	Traces
Coquilles Saint-Jacques	0,1	0,1

Source : Food Composition and nutrition tables, 7th revised and completed edition, 2008.

Attention aux espèces contaminées

Évitez de manger plus d'une fois par mois les espèces de poisson contaminées par certains composés nocifs pour la santé (dioxine, PCB, mercure...) : anguille et civelle, bar, bonite, congre, daurade, empereur, escolier noir, escolier serpent et rouvet, grande sébaste, petite sébaste, grenadier, lingue bleue ou lingue espagnole (julienne), loup de l'Atlantique, marlin, palomète, pailona commune, raie, thon albacore, thon Germon (thon blanc) et thon rouge (espèce menacée et très contaminée), voilier de l'Atlantique, requin, flétan, brochet, sabre argent et noir, siki, espadon, lotte (baudroie), esturgeon.

Que représente une portion de poisson ?

- 100 g de sardines ;
- 8 huîtres ;
- 25 moules ;
- 1 darne de saumon ;
- 100 g de crevettes.

Comment cuisiner son poisson gras ?
Afin de préserver les oméga-3 des poissons gras, il est primordial d'opter pour des modes de cuisson doux : marinades, vapeur douce (sauf Cocotte-Minute), bain-marie ou papillote (préférez alors le papier sulfurisé à l'aluminium). Il est également recommandé de les manger crus sous forme de sushis par exemple. Pensez aussi aux conserves de poissons gras (sardines, maquereau, saumon, thon), très pratiques et qui contiennent des quantités appréciables d'oméga-3. Enfin, n'hésitez pas à acheter des poissons surgelés qui conservent leurs vertus nutritionnelles.

Une journée pour...

Tous ces conseils vous paraissent fastidieux à suivre ? Pas d'affolement, vous trouverez ci-après le menu d'une journée type pour bien huiler votre communication cellulaire !

Petit déjeuner
– 1 boisson chaude au choix (café, thé, tisane...), de préférence sans sucre ajouté ;
– 1 bol de Douceur de fruits (voir recette p. 296) ou du pain aux céréales contenant des graines de lin + un peu de beurre ;
– 1 œuf (fermier ou aux oméga-3) ou du jambon labellisés Bleu-Blanc-Cœur ;
– 1 fruit frais de saison.

Les plus
– apport optimal d'acide alpha-linolénique de la famille des oméga-3 grâce à la présence de graines de lin dans la recette Douceur de fruits ou dans le pain aux céréales ;
– apport d'EPA et de DHA, d'acide alpha-linolénique et de phospholipides grâce à la consommation de l'œuf et du jambon labellisés Bleu-Blanc-Cœur ;
– apport d'acide myristique par la consommation de beurre.

Déjeuner
– 1 crudité assaisonnée avec de l'huile de colza (ou colza/olive), de noix (ou noix/colza), de cameline + vinaigre ou citron et aromates de votre choix, par exemple salade de mâche et fèves sauce citronnette (voir recette p. 279) ;
– fruits de mer (1 fois/semaine) ou poisson (poisson gras 3 fois/semaine) : bricks de sardines au cumin (voir recette p. 289), sardines à l'escabèche (voir recette p. 291), risotto aux fruits de mer (voir recette p. 292) ;
– légumes cuits au choix ;
– féculents (facultatif, suivant votre appétit) : légumes secs (au moins 3 fois/semaine), quinoa, riz complet, pâtes *al dente*, pommes de terre... ;
– pain aux céréales contenant des graines de lin ;
– 1 yaourt et/ou 1 fruit, par exemple salade d'oranges fraîches et son crumble de spéculoos (voir recette p. 298), compote de figues fraîches à la vanille (voir recette p. 300).

Les plus
- apport optimal d'acide alpha-linolénique de la famille des oméga-3 et équilibre de la balance oméga-6/oméga-3 grâce à la consommation des différentes huiles conseillées ;
- apport d'EPA et de DHA ainsi que de phospholipides par la consommation de fruits de mer ou de poissons gras ;

Goûter
- 1 crêpe aux fruits (voir recette p. 301) ;
- 1 tisane.

Les plus
- apport d'acide alpha-linolénique de la famille des oméga-3 pour cette recette réalisée avec une margarine aux oméga-3.

Dîner
- 1 crudité assaisonnée avec de l'huile de colza (ou colza/olive), de noix (ou noix/colza), de cameline + vinaigre ou citron et aromates de votre choix ;
- féculents : pâtes, riz, semoule, quinoa, sarrasin, blé, épeautre, pommes de terre... ;
- légumes secs : lentilles, pois chiches, pois cassés, haricots, flageolets, etc.
ou 1 petite portion de volaille sans la peau ou du poisson, ou 1 portion de fromage de brebis ou de chèvre ;
- 1 fruit ou 1 compote.

Les plus
- apport optimal d'acide alpha-linolénique de la famille des oméga-3 et équilibre de la balance oméga-6/oméga-3 grâce à la consommation des différentes huiles conseillées.

Les secrets d'un bon équilibre acide-base

En pratique : comment lutter contre l'acidose ?

Le but de la manœuvre ne consiste pas à faire table rase de tous les aliments de nature acidifiante. Il est surtout nécessaire de parvenir à les associer subtilement pour en tirer le meilleur parti. L'enjeu consistera à augmenter la consommation d'aliments alcalinisants et d'aliments riches en magnésium, calcium, potassium, bicarbonates... Parallèlement, on veillera à diminuer la consommation de ceux dont la nature est acidifiante.

Augmentez la part de fruits et de légumes

Une alimentation riche en fruits et légumes protège de l'acidose de l'organisme, et de ce fait évite les fuites de calcium, de potassium et de magnésium. Dans ce but, on ne répétera jamais trop qu'il faut en consommer au minimum 5 portions/jour. Mais vous savez déjà tout sur nos astuces pour manger plus de fruits et légumes ! (voir « Ma protection cellulaire s'est mise en congés » p. 149.)

Diminuez votre consommation de sel

Manger moins de sel permet de réduire l'élimination urinaire de calcium et améliore plusieurs marqueurs de la santé osseuse. On lutte également ainsi contre l'apparition d'œdèmes par rétention d'eau et contre l'hypertension.

Pour cela, consommez moins d'aliments préparés industriellement (potages, plats, bouillons cubes), moins de fromage et de pain (industriel en particulier), moins d'aliments pour apéritif (chips, biscuits...), moins de charcuterie à laquelle vous préférerez le jambon blanc allégé en sel.

Remplacez le sel autant que possible par :
- des aromates et des épices ;
- du sel pauvre en chlorure de sodium et riche en citrate de potassium ;
- du sel riche en aromates ou du gomasio, un condiment composé d'un mélange de sésame grillé et de sel marin. Il est utilisé depuis des millénaires au Japon. Vous le trouverez aisément au rayon diététique des grandes surfaces ou en magasin bio.

Sélection coup de cœur : le K-Sel

Le K-Sel est un sel de cuisine à teneur réduite en chlorure de sodium, formulé avec du potassium organique. Sa consommation favorise l'équilibre de votre organisme. Il s'utilise comme le sel de table traditionnel.

Retrouvez les recettes alcalinisantes à base de K-Sel : la sauce aux haricots blancs et herbes fraîches (p. 275), le biscuit roulé de patates douces au chèvre frais (p. 286) et la jardinière de légumes lacto-fermentés au K-Sel (p. 277).

Augmentez votre consommation d'aliments riches en potassium
La consommation actuelle de potassium se situe entre 2 à 3 g/jour. On est loin de la valeur optimale santé qui devrait idéalement avoisiner les 7 à 8 g. Toutefois, atteindre les 5 à 6 g/jour s'avère déjà une étape très bénéfique.

Pour y parvenir, il suffit de suivre les recommandations de cet ouvrage. À savoir : augmenter sa consommation de fruits et de légumes ; mettre plus souvent au menu, c'est-à-dire au minimum 3 fois/semaine, des légumes secs (lentilles, pois cassés, fèves, pois chiches, haricots, flageolets, etc.). Sans oublier les fruits secs (bananes séchées, abricots secs, raisins secs, figues séchées, dattes et pruneaux) et les aromates qui en sont les plus pourvoyeurs.

Les meilleures sources de potassium
- tous les légumes, en particulier : les épinards, la mâche, le cresson, le pourpier, la roquette, les feuilles de pissenlit, les blettes, le cardon, le fenouil, les haricots verts, les artichauts, la courge, l'ail, l'oignon, le chou ;
- les légumes racines (tubercules) : pommes de terre, topinambours, panais, patate douce, igname, crosne... ;
- tous les légumes secs : haricots, lentilles, pois cassés, pois chiches... ;
- tous les fruits, en particulier : les fruits secs (pruneau, abricot, raisins...), la banane, la châtaigne, la goyave ;

- les oléagineux : amandes, noix, noisettes, pistaches, noix du Brésil, avocats, graines de courge... ;
- les aromates : persil, cerfeuil, basilic, estragon, ciboulette, coriandre, sauge, menthe, sarriette, origan... ;
- les épices : curcuma, cumin, safran, cardamome, clou de girofle...

Augmentez votre consommation d'aliments riches en magnésium
L'analyse des apports alimentaires en magnésium a été réalisée sur un sous-échantillon de l'étude SUVIMAX[1] auprès de 5 778 sujets. Elle a permis de mettre en évidence que 77 % des femmes et 72 % des hommes ont des apports en magnésium inférieurs aux apports nutritionnels conseillés (ANC). De plus, 22 % des femmes et 17 % des hommes consommeraient moins des 2/3 des ANC. Or, ce minéral s'avère important pour l'équilibre de notre balance acide-base. Il participe également à plus de 300 réactions enzymatiques dans notre organisme et est primordial pour notre système nerveux (voir « Mon cerveau est surmené » p. 71).

L'histoire du serpent qui se mordait la queue

Comme nous venons de le voir, lorsqu'il existe une acidose métabolique, on assiste à des fuites minérales et magnésiennes au niveau de nos urines. Cette perte en magnésium va nous rendre plus vulnérable au stress. On assistera alors à une élévation accrue des hormones du stress (cortisol et catécholamines). Or, la sécrétion de ces hormones favorise à son tour une potentialisation de l'état d'acidose entraînant encore une fuite magnésienne... Un cercle vicieux sournois s'installe progressivement. L'acidose métabolique, la perte minérale et la vulnérabilité au stress s'auto-entretiennent ! N'oublions pas que le magnésium reste le minéral

1. Lancée en octobre 1994, SUVIMAX (Supplémentation en vitamines et minéraux antioxydants) est une étude dont l'objet est de constituer une source d'informations sur la consommation alimentaire des Français et leur état de santé.

de choix pour endiguer la sécrétion de cortisol. Pour toutes ces raisons, il est impératif de considérer l'état de stress lorsque l'on veut améliorer son équilibre acido-basique (pour davantage de précisions, voir « Mon cerveau est surmené » p. 71).

Nous l'avons évoqué p. 92, vous trouverez du magnésium en quantité satisfaisante dans certaines eaux, dans les coquillages, les crevettes roses, les fruits secs (figues, abricots, etc.), les oléagineux (amandes, noix, noisettes, etc.), les légumineuses, le germe de blé, les céréales complètes, les légumes à feuilles vert foncé, la levure de bière, le chocolat noir.

Diminuez la quantité de céréales
Les céréales à elles seules représentent près de 40 % des acides apportés par l'alimentation moderne.
Alternez les féculents, choisissez-les complets ou semi-complets et favorisez la consommation de quinoa, de sarrasin, d'avoine, de légumes secs qui possèdent un indice PRAL alcalinisant ou neutre.
Tentez de respecter un apport quotidien de 4 à 6 portions de céréales.

Que représente une portion de céréales ?

- 1 tranche de pain (35 g) ;
- 100 g de céréales cuites (riz, pâtes, semoule, blé...) ;
- 3 biscuits secs (30 g).

Consommez régulièrement une eau minérale riche en bicarbonates
Les eaux les plus alcalines sont généralement celles qui apportent le plus de bicarbonates (+ de 1 500 mg/l). On pense souvent que le sodium contenu dans ce type d'eau est néfaste lorsque l'on souffre d'hypertension artérielle ou de rétention d'eau. Or, il n'en est rien... Pour bien comprendre, une petite explication s'impose. Les minéraux

peuvent être classés en deux catégories selon leur effet sur l'alcalinisation ou l'acidification de notre organisme. Du côté des minéraux « acidifiants », qu'il vaut mieux limiter, on trouve le chlore, le soufre et le phosphore. Le groupe des minéraux « basifiants », bons pour notre santé, est quant à lui composé du magnésium, du calcium, du sodium et du potassium. Les eaux alcalines contiennent du sodium (un ion alcalinisant) mais associé à un autre ion alcalinisant : le bicarbonate. Ce mariage heureux forme du bicarbonate de sodium. Or, celui-ci n'entraîne aucun désagrément sur la pression artérielle comme c'est le cas lorsque l'on consomme trop de sel de table. En effet, ce dernier contient certes du sodium mais celui-ci est associé à un ion acidifiant, le chlorure, qui permet la formation du chlorure de sodium. Il est donc important de ne pas confondre sel et sodium !

Une étude réalisée par Helwig démontre que contrairement aux effets provoqués par les régimes riches en chlorure de sodium, les régimes riches en bicarbonate de sodium ne sont jamais capables d'induire ou d'aggraver une hypertension artérielle[1]. Les eaux minérales bicarbonatées sont directement concernées par ces conclusions : St-Yorre, par exemple, contient 4,368 g/l de bicarbonate mais seulement 0,53 g/l de chlorure de sodium.

Vous pouvez boire une eau minérale alcalinisante : environ 50 cl/jour.

Notre sélection : Arvie, Quézac, Badoit, Vernière, Donat (en cure), Hydroxydase (en cure), Rozana, Salvetat, Vittel...

Lorsque vous choisissez votre eau, veillez à ce que sa concentration en fluor ne dépasse pas 2 mg/l. Par ailleurs, un litre d'eau ne devrait pas apporter plus de 5 mg de nitrates et plus de 400 mg de chlorures.

Les eaux plates sont moins alcalinisantes que les eaux gazeuses. Malgré tout, vous pouvez choisir les suivantes : Volvic, Mont

1. Helwig J. J., « À l'instar du chlorure de sodium, le bicarbonate de sodium doit-il être considéré comme pouvant induire ou aggraver l'hypertension artérielle ?», U727 INSERM, 11 mars 2005.

Roucous, Montcalm, Rosée de la Reine, Évian, Valvert, Thonon, Vittel et Spa.

Avertissement : les eaux minérales sont contre-indiquées aux insuffisants rénaux.

Les tisanes

Pour votre équilibre acido-basique, pensez également à boire des tisanes et des infusions. Ces dernières, de par leurs richesses en principes actifs et en minéraux, participeront agréablement à optimiser votre santé.
Certaines tisanes sont issues de l'agriculture biologique et contiennent des plantes qui complètent les boissons pour l'équilibre acido-basique ; les mélanges fréquents :
– cassis, sureau, reine-des-prés et frêne ;
– cassis, frêne, matricaire, reine-des-prés ;
– vigne rouge, reine-des-prés, ortie blanche et frêne ;
– hibiscus, olivier, bardane et myrtille ;
– reine-des-prés, frêne et lavande ;
– frêne, bardane, romarin, anis vert graine biologique et ginseng.

Prenez éventuellement un complément alimentaire à base de minéraux alcalinisants.
Voir « Comment je complémente ma communication cellulaire » p. 213.

Une journée pour...

Vous trouvez que tous ces conseils sont fastidieux à suivre ? Pas de panique, voici le menu d'une journée type pour bien vous alcaliniser sur une journée !

Petit déjeuner

- 1 boisson chaude au choix (café, thé, tisane...), de préférence sans sucre ajouté ;
- du pain aux céréales ou de seigle, ou des céréales (flocons d'avoine ou muesli) avec un peu de lait fermenté ou un yaourt ;
- œuf(s) (fermiers ou aux oméga-3) ou jambon allégé en sel ;
- quelques oléagineux au naturel (amandes, noix, noisettes...) ;
- 1 fruit frais de saison ou fruits secs (abricots, raisins, figues).

Les plus

- la nature alcalinisante naturelle des fruits permet d'équilibrer la balance acido-basique ;
- les oléagineux, les céréales complètes apportent des minéraux (magnésium, calcium) également importants pour cet équilibre.

Déjeuner

- 1 crudité et/ou 1 jardinière de légumes lacto-fermentés (voir recette p. 277) assaisonnée avec de l'huile de colza (ou colza/olive), de noix (ou noix/colza), de cameline + vinaigre ou citron et aromates de votre choix ;
- 1 portion de poisson, fruits de mer ou viande ;
- légumes cuits au choix, par exemple un biscuit roulé de patates douces au chèvre frais (voir recette p. 286) ;
- féculents (facultatif, suivant votre appétit) : légumes secs (au moins 3 fois/semaine), quinoa, riz complet, pâtes *al dente*, pommes de terre... ;
- pain aux céréales ;
- 1 yaourt et/ou 1 fruit.

Les plus

- dans ce repas, une consommation généreuse en végétaux crus et cuits permet de juguler parfaitement la présence d'aliments de nature acidifiante (viande, poisson, céréales, pain) ;
- la consommation de K-Sel (inclus dans les recettes) permet d'apporter une proportion avantageuse de citrate de potassium par rapport au sodium alimentaire.

Goûter

- 1 petite poignée d'oléagineux au naturel : noix, noisettes, amandes ou chocolat ;
- 1 banane ou fruits secs ;
- 1 tisane.

Les plus
- apport optimisé en minéraux basifiants grâce à la consommation d'oléagineux, de fruits secs ou de fruits frais tels que la banane, extrêmement riche en potassium et alcalinisante.

Dîner

- 1 crudité ou potage ;
- féculents : pâtes, riz, semoule, quinoa, sarrasin, blé, épeautre, pommes de terre... ;
- légumes secs : lentilles, pois chiches, pois cassés, haricots, flageolets, etc., par exemple la sauce aux haricots blancs et herbes fraîches (voir recette p. 275)
ou poisson, volaille, œuf en petite quantité ;
- 1 fruit ou 1 compote.

Les plus
- dans ce repas, une consommation généreuse en végétaux crus et cuits et en légumes secs permet de juguler parfaitement la présence d'aliments de nature plus acidifiante (viande, poisson, céréales, pain).

Boisson

- choisir une eau minérale de nature alcalinisante pour arriver à une consommation d'environ 1,5 litre/jour (voir p. 208).

Les plus
- apport en minéraux et en magnésium. Participe à l'équilibre acido-basique de notre organisme.

Comment je complémente ma communication cellulaire

Nous allons à présent aborder la complémentation.
Nous nous intéresserons d'abord aux compléments riches en acides gras polyinsaturés et pouvant agir spécifiquement sur notre communication cellulaire. Ces compléments seront à prendre notamment si l'alimentation ne suffit pas à en apporter suffisamment ou de façon équilibrée, si certains symptômes fonctionnels (typiquement en rapport avec de tels déficits) perdurent et surtout s'il existe des carences objectivées par les bilans biologiques.

Afin de se complémenter au mieux, il est recommandé de consulter un thérapeute spécialisé en micronutrition qui se chargera de vous prodiguer des conseils et une complémentation sur mesure sans risques pour votre santé. En effet, il est important de savoir qu'une consommation inadaptée d'acides gras, qu'elle soit sous forme de complémentation ou même par le biais de l'alimentation, peut s'avérer :
– soit inefficace si les apports diffèrent de nos besoins réels ;
– soit préjudiciable pour la santé s'ils sont consommés en trop grande quantité et/ou de manière inadaptée.

Nous nous intéresserons ensuite aux compléments alimentaires riches en minéraux alcalinisants pouvant agir spécifiquement sur notre communication cellulaire. Ces compléments seront à prendre notamment si l'alimentation ne parvient pas à en apporter suffisamment, si le bol alimentaire s'avère déséquilibré (trop de céréales, de viandes, de charcuterie, de fromage... et pas assez de fruits et de légumes), si certains symptômes en rapport avec un état d'acidose perdurent et surtout s'il existe un déséquilibre objectivé par la biologie.

Votre micronutritionniste est la personne la plus à même de vous proposer des conseils individualisés et de déterminer avec précision quel complément vous devez prendre, en quelle quantité et pendant combien de temps.

Les compléments contenant des acides gras

Les questions 1 à 11 du QMS Communication cellulaire (voir p. 187) nous renseignent sur les troubles fonctionnels et les situations susceptibles d'être le reflet d'un déficit fonctionnel en acides gras essentiels. Ce sont en particulier les problèmes de sècheresse de peau, de troubles de l'humeur, de circulation, les manifestations infectieuses, le recours fréquent à des régimes restrictifs en graisses.

Pour en savoir plus, le micronutritionniste bénéficie d'une évaluation des acides gras (le profil des acides gras érythrocytaires), qui lui permet de dépister très précisément l'insatisfaction des besoins de l'organisme.

Les situations privilégiées des oméga-3 et oméga-6

En cas de troubles de la peau et des phanères : peau sèche, cheveux ternes ou cassants, ongles cassants ou qui se dédoublent, eczéma ou psoriasis...

Dans les problèmes d'eczéma et de psoriasis, il est également important de vérifier l'équilibre de l'écosystème intestinal (voir « Mon intestin est en colère » p. 119).

Concernant les autres problèmes de peau comme la protection solaire, le vieillissement, les cheveux et ongles cassants, voir « Comment je complémente ma protection cellulaire » p. 165.

En cas de surpoids ou de régimes amaigrissants

En cas d'inflammation chronique
Voir aussi « Comment je complémente ma protection cellulaire » p. 165.

En cas d'hypertension artérielle
Voir aussi « Les secrets d'un bon équilibre acide-base » p. 204.

En cas de jambes lourdes et de troubles veineux
Voir aussi « Comment je complémente ma protection cellulaire » p. 165.

Quelles huiles doit contenir un complément alimentaire permettant de répondre aux problématiques précitées ?
– huile de bourrache, apportant des acides gras insaturés de la famille des oméga-6 (acide gamma-linolénique) aux propriétés anti-inflammatoires ;
– huile de poisson, naturellement riche en oméga-3 (EPA et DHA) aux propriétés anti-inflammatoires (voir la première partie de ce chapitre).
Apport nutritionnel conseillé pour un adulte : 250 mg d'EPA/jour et 250 mg de DHA/jour.

L'avis du spécialiste
L'association entre des huiles riches en oméga-6 et oméga-3 pourra être proposée, en fonction des résultats de la biologie.
De plus, il est indispensable de veiller à l'équilibre des acides gras de l'alimentation et à l'apport optimal en antioxydants (voir « Ma protection cellulaire s'est mise en congés » p. 149).

L'intérêt d'associer les huiles, c'est d'apporter un complexe équilibré et complet contenant des acides gras insaturés des familles oméga-3, 6 et 9.

Il faut faire attention à utiliser une huile de poisson de bonne qualité (indice de peroxydation faible, pauvre en polluants et en métaux lourds) et de préférence issue d'une pêche éco-responsable.
Il sera intéressant de joindre aux huiles riches en oméga-6 et oméga-3 un ingrédient dont les propriétés naturellement antioxydantes contribuent à la conservation des acides gras fragiles.
La vitamine E et le romarin sont régulièrement utilisés à cet effet.

Les situations privilégiées de l'EPA

En cas de troubles ou en prévention cardiovasculaire
Voir également « Ma protection cellulaire s'est mise en congés » p. 149.

En cas de troubles métaboliques
Résistance à l'insuline, diabète, cholestérol, triglycérides, obésité... Voir aussi « Comment je complémente ma protection cellulaire » p. 165, ainsi que les présentations concernant les troubles spécifiques de la glycémie (p. 180) et le coenzyme Q10 (p. 170).

En cas de dépression pour potentialiser l'effet des antidépresseurs
Voir aussi « Mon cerveau est surmené » p. 71.
Quelle huile doit contenir un complément alimentaire permettant de répondre aux problématiques précitées ?
– une huile de poisson apportant préférentiellement de l'EPA. Apport nutritionnel conseillé : 250 mg/jour.

L'info du spécialiste
Les huiles riches en EPA sont naturellement présentes dans les huiles de poisson des mers froides. Chaque gramme d'huile contient 30 % d'oméga-3 avec une proportion de 2/3 d'EPA et 1/3 de DHA. Certaines présentations contiennent des doses d'EPA plus concentrées ; elles sont issues d'un procédé particulier de distillation moléculaire.

En cas de complémentation en EPA, il est indispensable de veiller à l'équilibre des acides gras de l'alimentation et de l'apport optimal en antioxydants (voir « Ma protection cellulaire s'est mise en congés » p. 149).
Il est préférable que l'EPA provienne d'huile extraite de poissons sauvages, principalement : anchois, sardines et maquereaux.
Les produits doivent être formulés pour apporter la quantité d'oméga-3 recommandée par les apports nutritionnels conseillés (ANC) 2010.
Il faut faire attention à utiliser une huile de poisson de bonne qualité (indice de peroxydation faible, pauvre en polluants et en métaux lourds) et de préférence issue d'une pêche éco-responsable.

Elles contiendront également des ingrédients dont les propriétés naturellement antioxydantes contribuent à la conservation des acides gras fragiles.

Les situations privilégiées du DHA

En cas de troubles visuels (cataracte, DMLA)

En cas d'affections neurodégénératives

Voir aussi « Mon cerveau est surmené » p. 71 et « Ma protection cellulaire s'est mise en congés » p. 149.

En cas de dépression après l'accouchement (baby blues)

Voir aussi « Mon cerveau est surmené » p. 71.

Pour la femme enceinte et pendant l'allaitement de bébé

Pour la conception

Quelle huile doit contenir un complément alimentaire permettant de répondre aux problématiques précitées ?

– huile de poisson apportant préférentiellement du DHA.

Apport nutritionnel conseillé : 250 mg/jour.

L'info du spécialiste

En cas de complémentation en DHA, il est indispensable de veiller à l'équilibre des acides gras de l'alimentation et à l'apport optimal en antioxydant (voir « Ma protection cellulaire s'est mise en congés » p. 149).

Il est préférable que le DHA provienne d'huile extraite de poissons sauvages, principalement : anchois, sardines et maquereaux.

Les produits doivent être formulés pour apporter la quantité d'oméga-3 recommandée par les apports nutritionnels conseillés (ANC) 2010.

Il faut faire attention à utiliser une huile de poisson de bonne qualité (indice de peroxydation faible, pauvre en polluants et en métaux lourds) et de préférence issue d'une pêche éco-responsable.

Elles contiendront également des ingrédients dont les propriétés naturellement antioxydantes contribuent à la conservation des acides gras fragiles.

En cas de troubles visuels : il est aussi possible de prendre des antioxydants protecteurs oculaires (voir « Comment je complémente ma protection cellulaire » p. 165).

En cas d'affections neurodégénératives : on peut également utiliser un complément à base de phosphatidylsérine (voir « Comment je complémente mon cerveau » p. 101).

Pour la femme enceinte, qui allaite, ou pour favoriser la conception : il est utile d'avoir recours à un complexe spécifique de la femme enceinte ou allaitante qui contiendra en plus du DHA des vitamines B6, B9, B12, des minéraux et de la vitamine D adaptés aux besoins de la femme enceinte et du fœtus.

Pour l'immunité des enfants, des adolescents, des personnes âgées
Quelle huile doit contenir un complément alimentaire permettant de soutenir l'immunité ?
– l'huile de foie de morue. En effet, cette huile est naturellement riche en vitamines A, D et en acides gras polyinsaturés oméga-3 EPA et DHA. La vitamine A améliore notamment l'acuité visuelle et joue un rôle dans l'équilibre de la peau ainsi que dans le bon fonctionnement des défenses immunitaires. La vitamine D optimise la minéralisation des tissus osseux : os, cartilages et dents et participe à renforcer notre immunité. L'étude du Val-de-Marne (1991)[1] a montré une diminution des apports quotidiens en vitamine A chez 10 à 15 % des enfants et 35 à 45 % des adultes. Parallèlement, l'étude SUVIMAX[2] a montré qu'un pourcentage élevé de la population française, vivant en milieu urbain, présente une insuffisance en vitamine D pendant l'hiver.
Dosage généralement conseillé en vitamine A : 450 µg EAR/jour.
Dosage généralement conseillé en vitamine D : 5 µg/jour.

1. Hercberg S., Preziosi P., Gatan P. et al., « Apports nutritionnels d'un échantillon représentatif de la population du Val-de-Marne : III Les apports en vitamines et minéraux », *Revue d'épidémiologie et de santé publique*, 1991, 39, 245-261.
2. Lancée en octobre 1994, SUVIMAX (Supplémentation en vitamines et minéraux antioxydants) est une étude dont l'objet est de constituer une source d'informations sur la consommation alimentaire des Français et leur état de santé.

Notre conseil

Il est en outre indispensable de veiller à l'équilibre des acides gras de l'alimentation et à l'apport optimal en antioxydants (voir « Ma protection cellulaire s'est mise en congés » p. 149).

En cas de syndrome prémenstruel

Quelle huile doit contenir un complément alimentaire permettant de réduire le syndrome prémenstruel ?

– de l'huile d'onagre, aux propriétés anti-inflammatoires spécifiques de l'équilibre hormonal.

L'info du spécialiste

Le syndrome prémenstruel (SPM) se caractérise par la survenue de troubles fonctionnels quelques jours avant l'apparition des règles.

Le SPM touche près de 40 % des femmes, et 8 % présentent des troubles sévères.

Les troubles les plus fréquents sont l'irritabilité, les maux de tête, des seins douloureux, de la rétention d'eau, des douleurs abdominales.

Bien que l'origine hormonale soit suspectée, il n'existe aucune preuve biologique de déficit hormonal. Les hormones impliquées seraient les oestrogènes, la progestérone, la prolactine et la mélatonine.

Les douleurs pelviennes sont relativement bien soulagées par des médicaments anti-inflammatoires.

Traditionnellement, l'huile d'onagre a été utilisée à forte dose pendant quelques jours avec des résultats satisfaisants.

Il sera intéressant d'associer du tryptophane pour améliorer les troubles émotionnels (irritabilité, nervosité) pouvant apparaître de manière plus marquée avant les règles (voir « La Bouddha attitude » du tryptophane p. 74).

Pour les femmes ménopausées

Quelle huile doit contenir un complément alimentaire destiné au bien-être de la femme ménopausée ?

– de l'huile d'onagre ou de bourrache, qui agissent spécifiquement sur l'équilibre hormonal.

L'info du spécialiste

Pour améliorer les troubles fonctionnels liés à la ménopause, de nouveaux ingrédients sont apparus dans les compléments afin de remplacer les phyto-oestrogènes à base de soja.

Parmi ces ingrédients, les graines de lin contribuent à réguler le système hormonal de la femme ménopausée et lui apportent tous les acides gras essentiels (oméga-6 et oméga-3). Les graines de lin font partie des aliments les plus riches en lignanes, qui sont les principes actifs.

Les effets bénéfiques des graines de lin sur les bouffées de chaleur ont été démontrés par deux études portant respectivement sur 99 et 35 femmes.

Enfin, les vitamines du groupe B sont intéressantes en tant que régulateurs de l'activité hormonale.

Pour les problèmes de sécheresse oculaire

Quelle huile doit contenir un complément alimentaire permettant de lutter contre les yeux secs ?

– de l'huile de bourrache, aux propriétés anti-inflammatoires et favorisant « l'hydratation de l'œil ».

Nous avons vu dans la complémentation de la protection cellulaire (voir p. 172) l'intérêt d'associer dans l'œil sec des éléments majorant la protection antioxydante des yeux, en particulier :

- le bêta-carotène ;
- le lycopène ;
- les vitamines B ;
- le zinc ;
- la vitamine C ;
- la vitamine E.

Les compléments contenant des minéraux alcalinisants

Les questions 12 à 20 du QMS Communication cellulaire (voir p. 187) nous renseignent sur les troubles fonctionnels et les situations susceptibles d'être le reflet d'un déséquilibre acido-basique. Ce sont notamment les problèmes de lithiase urinaire, de rétention d'eau, de blessures sportives répétées, ou la consommation régulière de sodas.

Afin d'évaluer l'équilibre acido-basique de l'organisme, le micronutritionniste utilise le test urinaire ENA (Excrétion Nette Acide).

Pour équilibrer la balance acido-basique
Dans les cas suivants :
- en cas d'acidose révélée par le test ENA ;
- en accompagnement d'un régime hyperprotéiné ;
- pour compenser des apports alimentaires déséquilibrés (consommation insuffisante de fruits, de légumes et consommation importante de charcuterie, fromage, plats industriels, céréales, pain, viande, sodas, etc.) ;
- pour les personnes ayant un terrain à risque d'hypertension, de maladies cardiovasculaires, d'ostéoporose, de lithiases urinaires, de troubles métaboliques (diabète de type 2) ;
- pour faciliter la récupération à l'effort ;
- en présence régulière de crampes, de tendinites, d'œdème ou de rétention d'eau.

Que doit contenir un complément alimentaire efficace pour équilibrer la balance acido-basique ?
- du citrate de potassium.
Dosage généralement conseillé : 1 000 mg/jour.

Le citrate joue un rôle très utile chez les personnes qui présentent une vulnérabilité aux lithiases (calculs) urinaires d'oxalate de calcium.

Le citrate de potassium sera intéressant pour alcaliniser les urines chez les personnes qui ont une alimentation acidifiante.
En revanche c'est inutile, voire non indiqué, si les urines sont déjà alcalines.
En pratique, l'excrétion nette acide (ENA) des urines montre le plus souvent un résultat autour de 40 mEq d'acidité, en raison des habitudes alimentaires modernes.
Chez certains sportifs sujets aux blessures tendino-musculaires répétitives, on a pu observer des ENA tests (Excrétion nette acide) à plus de 100 mEq d'acidité.
Les citrates de potassium s'avèrent efficaces dans ces cas précis.
À noter : les citrates de potassium sont déconseillés chez les insuffisants rénaux sans avis médical.

Remarque : afin que les minéraux soient correctement assimilés, il faut tenir compte de l'état de notre écosystème intestinal. Souvenez-vous notamment des prébiotiques dont l'un des bénéfices est de favoriser une meilleure absorption du calcium et du magnésium ! (voir « Mon intestin est en colère » p. 119).

En cas de suspicion de déficit en magnésium, d'insuffisance d'apport par l'alimentation ou de stress chronique

Symptômes présageant d'un déficit magnésien

Si vous êtes sensible au moindre bruit, que vous vous sentez souvent stressé(e), hyperémotif(ve) ou que vous gérez mal votre stress ; si vous souffrez de spasmes, de crampes, de sensation de boule dans la gorge, de palpitations ou que votre paupière tressaute régulièrement, vous manquez probablement de magnésium. Malheureusement, il n'existe pas de marqueur biologique fiable pour objectiver la carence magnésienne car le magnésium se trouve à 98 % dans nos cellules (et 1 % seulement dans notre sang). Seuls ces signes cliniques peuvent vous mettre sur la voie.

Remarque : le magnésium a parfois du mal à pénétrer dans la cellule, ou à l'inverse s'en trouve trop rapidement éliminé. Deux critères

sont donc importants à prendre en compte pour une complémentation efficace :
- la biodisponibilité du magnésium (sa bonne assimilation dans la cellule) ;
- la rétention du magnésium dans la cellule grâce à certains nutriments.

Que doit contenir un complément magnésien efficace ?
- un magnésium peptido-complexé. De fait, il sera parfaitement assimilé tant par la cellule (car il n'existe plus de compétition entre les différents nutriments) que par l'intestin et n'entraînera aucun effet secondaire gênant au niveau digestif – comme c'est souvent le cas pour les magnésiums non complexés – et ses effets positifs se feront sentir rapidement ;
Dosage généralement conseillé : 300 mg/jour.

L'info du spécialiste
La complémentation en magnésium est efficace pour faire face à un déficit magnésien se traduisant par des symptômes d'hyperexcitabilité neuromusculaire.
Il faudra cependant rechercher les causes des déficits magnésiens :
- insuffisance d'apports chez les personnes qui se nourrissent d'aliments raffinés ;
- stress mal géré, qui entraîne une fuite urinaire de magnésium (voir p. 48) ;
- déséquilibre acido-basique, qui provoque une fuite urinaire de calcium, potassium et magnésium (voir p. 207).

La phytothérapie de la communication cellulaire

Lors d'une consultation en micronutrition, certaines plantes pourront également vous être conseillées. Elles viendront compléter, personnaliser et optimiser l'action des compléments alimentaires et des conseils nutritionnels associés.

En voici quelques-unes :
- l'ortie (partie aérienne) et la prêle. Naturellement riches en minéraux, ces deux plantes possèdent des propriétés reminéralisantes ;
- le cassis. Étant donné que cette plante module l'activité cortico-surrénalienne et qu'une sécrétion chronique de cortisol est délétère pour l'équilibre acido-basique, le cassis se montre tout à fait indiqué dans ce contexte.

Conclusion intermédiaire

Comme nous l'avons vu, pour bien nourrir notre communication cellulaire, nous devons consommer des acides gras de façon équilibrée afin de permettre à nos cellules d'acquérir une fluidité membranaire performante. Par ailleurs, nous devons nous occuper d'apporter à notre organisme suffisamment de minéraux et d'aliments de nature alcalinisante dans le but d'obtenir un équilibre acido-basique optimal. C'est seulement dans ces conditions que notre communication cellulaire assurant le transfert d'informations nerveuses, hormonales, etc. pourra se réaliser sans anicroches. En effectuant rigoureusement ce travail de « terrain », on agit favorablement sur l'état de la peau, des cheveux, des yeux, de la circulation sanguine et lymphatique, du cerveau et du système nerveux, du système ostéo-articulaire, cardiovasculaire, rénal, immunitaire...

Regardons maintenant de plus près notre fonction métabolique pour peaufiner l'équilibre de nos maillons !

J'ai tout faux à mon check-up

À partir de 50 ans, votre médecin vous conseille de faire un bilan santé. Dans ce bilan, la prise de sang est très utile, parce qu'elle permet de mettre en évidence l'évolution de notre métabolisme.

La qualité de notre alimentation et de notre activité physique vont fortement influencer les résultats de ce « check-up ». Notre profil cardio-métabolique dépend de notre patrimoine génétique, c'est pour cela que les antécédents familiaux sont importants. Mais il dépend aussi de nos habitudes de vie (tabac, alcool, alimentation, surcharge pondérale, activité physique, stress...).

Enfin, l'état fonctionnel de nos maillons faibles aura son importance :
– la fonction cerveau perturbée au niveau des neuromédiateurs entraînera une exacerbation des troubles des conduites alimentaires (grignotage, compulsions, fringales) lorsque la sérotonine sera en panne ; la motivation pour le changement des habitudes sera émoussée par un déficit de la dopamine et de la noradrénaline ;
– cette fonction cerveau et la vidange des adipocytes seront perturbées par une communication cellulaire défaillante ;
– une dysbiose sera à même de provoquer une inflammation métabolique par l'augmentation de la perméabilité intestinale, et d'aggraver la fonction cardio-métabolique ;
– enfin, une défense anti-radicalaire en panne amplifiera les problèmes d'inflammation et de stress oxydatif, ce qui sera très néfaste, notamment pour contrôler l'oxydation des LDL cholestérol et l'inflammation du tissu adipeux.

C'est pour cela que nous vous invitons à évaluer votre profil cardio-métabolique.

Évaluez votre profil cardio-métabolique

Pour les réponses en 0-2 : 0 = non et 2 = oui.

QMS / Cardio-métabolique

Calcul IMC (Indice de masse corporelle) : poids (en kg)/taille x taille (en m)

Dans ma famille (parents, grands-parents, frère(s), sœur(s)) :

1. Quelqu'un a eu un infarctus et/ou un accident vasculaire cérébral. 0 - 2
2. Si oui, l'incident a eu lieu avant 55 ans pour les hommes, avant 65 ans pour les femmes. 0 - 2
3. Quelqu'un est ou était traité pour le cholestérol ou les triglycérides. 0 - 2
4. Quelqu'un est ou était traité pour de l'hypertension. 0 - 2
5. Quelqu'un est ou était traité pour le diabète. 0 - 2
6. Quelqu'un est ou était en surpoids ou obèse. 0 - 2

Vous-même :

7. Avez-vous eu un infarctus et/ou un accident vasculaire cérébral ? 0 - 2
8. Avez-vous eu un épisode de phlébite ou une embolie pulmonaire ? 0 - 2
9. Êtes-vous traité(e) pour de l'artérite ? 0 - 2
10. Êtes-vous traité(e) pour le cholestérol ou les triglycérides ? 0 - 2
11. Êtes-vous traité(e) pour la tension ? 0 - 2
12. Êtes-vous traité(e) pour le diabète ? 0 - 2
13. Avez-vous eu un diabète gestationnel (pendant la grossesse) ? 0 - 2

14. Je fume

0 cig/jour	0
entre 1 et 10 cig/jour	1
entre 10 et 20 cig/jour	2
plus de 20 cig/jour	3
15. Avez-vous un IMC (cf. ci-dessus) > 25 et < 30 ?	0 - 2
16. Avez-vous un IMC (cf. ci-dessus) > 30 ?	0 - 2
17. Votre surpoids est-il plutôt réparti autour de l'abdomen ?	0 - 2
18. Quand vous arrêtez une activité physique, avez-vous tendance à prendre facilement quelques kilos ?	0 - 2
19. Mangez-vous régulièrement des sucres rapides (sucreries, viennoiseries, sodas...) ?	0 - 2
20. Pratiquez-vous régulièrement une activité physique ?	0 - 2

SCORE TOTAL Cardio-métabolique ....../41

Cotation :
0 : 0 point
2 : 2 points
3 : 3 points

Interprétation des scores :
Perturbation faible : score de 0 à 9
Perturbation moyenne : score de 10 à 19
Perturbation forte : score de 20 à 29
Perturbation très forte : score de 30 à 40

Dépister le syndrome métabolique

Il a été observé que les personnes présentant une surcharge pondérale autour de l'abdomen (obésité androïde) présentaient souvent d'autres problématiques associées : hypertension artérielle, triglycérides et glycémie élevés, bon cholestérol (HDL) abaissé...

On a appelé ce profil particulier le « syndrome métabolique ». Or, une étude[1] faite sur une population de 1 209 personnes suivies pendant plus de 11 ans (cohorte de Kuopio) montre que les personnes présentant un syndrome métabolique ont un risque multiplié par 3,5 de développer une maladie cardiovasculaire.

Principaux signes cliniques associés à un syndrome métabolique

- hypertension artérielle (>130/85 mm Hg) ;
- surpoids ou obésité abdominale :
  tour de taille > à 80 cm pour les femmes ;
  tour de taille > à 94 cm pour les hommes.
- triglycérides sanguins > à 1,50 g/l,
- HDL Cholestérol (bon cholestérol) :
  < à 0,40 g/l pour l'homme
  < à 0,50 g/l pour la femme
- glycémie > à 1 g/l.

Pourquoi développe-t-on un syndrome métabolique ?

Lorsque nous mangeons et que tout se passe normalement, notre pancréas sécrète une hormone : l'insuline. Cette dernière a pour rôle de faire baisser notre glycémie (taux de sucre dans le sang). Pour parvenir à ce but, elle va permettre la pénétration du sucre dans le muscle mais également l'entrée des acides gras dans les adipocytes (cellules graisseuses).

Malheureusement, certaines personnes présentent une diminution de la sensibilité à l'insuline et notamment les personnes ayant une surcharge pondérale localisée au niveau abdominal. En clair, si l'insuline s'avère moins performante cela signifie que ces personnes

1. Lakka H.M. et al., « The metabolic syndrome and total and cardiovascular disease mortality in middle-aged men », *JAMA*, 2002, 288 (21), 2709-2716.

ne parviendront pas à faire pénétrer correctement le sucre et la graisse dans les tissus. Il s'ensuit alors une augmentation du sucre (glycémie élevée) et des acides gras dans le sang qui deviendront peu à peu un facteur de toxicité majeur favorisant le développement des maladies cardiovasculaires et du syndrome métabolique.

Et le cholestérol dans tout ça ?

Le cholestérol est une graisse provenant pour un tiers de notre alimentation, les deux tiers restants étant fabriqués par notre foie. Sa mauvaise réputation fait oublier que le cholestérol est d'une importance capitale car il est impliqué dans de nombreux processus vitaux : élément constitutif des membranes cellulaires, noyau central de certaines hormones, matière première de la vitamine D… Les cellules ont donc besoin de cholestérol. Pour arriver jusqu'aux cellules, il doit transiter par la circulation sanguine, ce qui nécessite le recours à un transporteur : le LDL. Il forme ainsi le LDL-cholestérol. Il existe également le HDL qui, pour sa part, se charge de ramener le cholestérol au foie, ce qui lui vaut le nom de « bon cholestérol ».

Oxydation, inflammation, coagulation : trois moments-clés pour réagir

Bien comprendre les mécanismes physiologiques permet de mieux protéger ses artères en optant pour la solution la plus adaptée :

– **1re étape :** le LDL-cholestérol transporte par voie sanguine le cholestérol nécessaire aux cellules. Mais parfois, la quantité de LDL-cholestérol dans nos artères est supérieure à l'utilisation qu'en ont nos cellules et l'excédent reste donc dans les artères. Si en parallèle les vaisseaux sanguins ont été agressés pendant des mois, voire des années, par les radicaux libres, les failles créées par ces derniers vont permettre l'insertion progressive des LDL-cholestérol au sein de la paroi de nos vaisseaux sanguins.

– **2e étape :** une fois insérés dans la paroi, les LDL-cholestérol vont s'oxyder et perturber le bon fonctionnement de celle-ci. La paroi

va alors attirer les macrophages (variété de globules blancs) dont le rôle est de nettoyer les parois des vaisseaux. Les macrophages vont se gorger de cholestérol et devenir des cellules spumeuses qui s'étalent en stries graisseuses pour former ensuite la plaque d'athérome. L'évolution du stade des macrophages jusqu'à celui de la plaque d'athérome se fait grâce au processus d'inflammation.
– **3e étape :** si le processus d'inflammation se fait mal, la plaque d'athérome est alors fragile et peut se rompre. En cas de fissure ou de rupture, la coagulation entre en jeu. Dans certains cas, une anomalie de la coagulation se produit, entraînant la formation d'un bouchon pouvant aller jusqu'à l'obstruction de l'artère. En se bouchant, elle prive le cœur d'oxygène et c'est la crise cardiaque.
En conclusion, faire baisser le taux de LDL oxydé, agir sur l'oxydation et l'inflammation, font partie intégrante de la prévention cardiovasculaire. Mais cette prévention ne peut pas se limiter à la seule baisse du LDL-cholestérol.

Les facteurs de la prévention cardiovasculaire

Il sera important de tenir compte chez la personne de tous les facteurs de risque déjà connus : obésité, diabète, âge, antécédents familiaux, cholestérol élevé, consommation d'alcool, de tabac, hypertension, sédentarité, alimentation déséquilibrée... mais également d'autres facteurs comme le tour de taille et la graisse intra-abdominale – à considérer plus que l'excès de poids seul – ainsi que l'élévation progressive de la glycémie à jeun (délétère au-dessus de 1 g/l).

De nouvelles pistes de recherche seront aussi à considérer : il s'agit des **facteurs de risque résiduel**, des facteurs qui persistent malgré et suite à un traitement efficace des facteurs de risque classique, et plus particulièrement :
– une inflammation de « faible intensité » chronique ;
– la présence de LDL « oxydé » ;
– une homocystéinémie élevée traduisant un risque cardiovasculaire ;
– une flore intestinale déséquilibrée.

La stratégie micronutritionnelle en pratique

Adoptez une alimentation méditerranéenne en suivant toutes les recommandations nutritionnelles proposées dans cet ouvrage (en apportant suffisamment d'antioxydants, de bonnes graisses, de minéraux alcalinisants et en prenant soin de votre intestin...).

Pratiquez une activité physique régulière. L'exercice physique améliore la composition corporelle en diminuant la masse grasse et en favorisant la masse musculaire, mais il améliore surtout cette fameuse sensibilité à l'insuline en dysfonction dans les problèmes de syndrome métabolique.

Quelle activité physique pratiquer ?

L'idéal s'avère la marche active à raison de 30 minutes/jour.
Notre conseil : marcher à un rythme soutenu mais non intense. Il doit être possible de parler en marchant sans être essoufflé (ce qui correspond à environ 2 pas/seconde).
Si vous n'êtes pas motivé au départ, équipez-vous d'un podomètre qui vous permettra de compter le nombre de pas effectués quotidiennement. Le « minimum syndical » étant de 5 000 pas/jour.

Apprenez à mieux gérer votre stress et vos émotions en vous appuyant par exemple sur l'activité physique, des exercices de respiration ou de relaxation et en suivant une alimentation adaptée (voir « Mon cerveau est surmené » p. 71).

Prenez un complément alimentaire adapté à votre problématique.

Afin d'objectiver un syndrome métabolique, votre micronutritionniste peut vous proposer un bilan biologique spécifique : le bilan prévention cardio-métabolique.

Si un syndrome métabolique a été diagnostiqué

En présence d'un surpoids ou d'une obésité abdominale, de triglycérides élevés, d'une glycémie supérieure à 1 g/l, d'une hypertension artérielle, d'une baisse du cholestérol HDL, ou si une obésité abdominale est associée à au moins deux autres des facteurs de risque précités, il existe un syndrome métabolique.

Que doit contenir un complément alimentaire efficace contre le syndrome métabolique ?
– du resvératrol. Il s'agit d'un polyphénol que l'on trouve naturellement dans certains aliments comme le raisin, les mûres, les arachides. Il possède de nombreuses propriétés exceptionnelles agissant sur la cardioprotection et la neuroprotection. Il agit également comme antioxydant et anti-inflammatoire puissant. Il existe de nombreuses études scientifiques à son sujet réalisées depuis les années 2000. Toutefois, les premières études chez l'homme, avec des doses utilisables en micronutrition, sont publiées depuis peu.

L'info du spécialiste
Le resvératrol est un polyphénol présent dans le raisin, le cep de vigne, les mûres, les arachides.
Il est reconnu pour avoir des effets antioxydants, anti-inflammatoires, de cardio-protection, de neuro-protection, de modulations épigénétiques, ainsi qu'une activité anticancéreuse.
Une étude récente menée en double aveugle contre placebo dans le syndrome métabolique avec 150 mg de resvératrol pendant 30 jours, a montré une amélioration de l'ensemble des paramètres du syndrome métabolique.
Ce travail encourageant a fait dire aux auteurs que le resvératrol mimait les effets observés par la restriction calorique.

Si vous souffrez de diabète ou que votre glycémie est supérieure à 1 g/l

Outre la prise de compléments alimentaires, il est incontournable de veiller à consommer de façon équilibrée des glucides, tant d'un point de vue quantitatif que qualitatif (voir « Au pays de Candi : les glucides » p. 81).

Que doit contenir un complément alimentaire spécifique des troubles de la glycémie ?
– un extrait de cannelle. La présence de cannelle offre deux avantages. D'une part, elle fait partie des épices les plus antioxydantes (indice ORAC très élevé, voir p. 159) et donc les plus protectrices trouvées dans l'alimentation. D'autre part, les composés antioxydants qu'elle contient permettent de diminuer de façon significative la concentration de glucose dans le sang ;
– du chrome, un oligoélément apte à équilibrer la glycémie ;
– de la L-carnosine, une substance naturellement présente dans le cerveau et les neurones. Elle joue un rôle important dans la neurotransmission et permet de lutter efficacement contre les phénomènes de glycation. Elle réduit les dommages cellulaires induits par la protéine bêta-amyloïde, une substance impliquée dans les dégénérescences cérébrales comme la maladie d'Alzheimer et serait performante dans les problèmes de cataracte...

L'info du spécialiste
La cannelle intéresse beaucoup les spécialistes des maladies métaboliques depuis que certaines études ont pu observer une baisse de la glycémie chez des diabétiques mal équilibrés.
Quant à son mode d'action, l'hypothèse retenue est que la cannelle facilite l'entrée du sucre dans la cellule, renforçant l'effet de l'insuline déficiente chez les personnes présentant une insulino-résistance.

Si vous souffrez d'hypertension artérielle (supérieure à 130/85 mmHg)
Veillez à suivre les conseils nutritionnels proposés dans cet ouvrage et particulièrement « Les secrets d'un bon équilibre acide-base » p. 204.

Que doit contenir un complément alimentaire spécifique des troubles de la tension artérielle ?
- une association oméga-3 + oméga6 ;
- du citrate de potassium ;
- de l'ail : les effets sont scientifiquement prouvés pour abaisser la tension artérielle en agissant sur les enzymes responsables de l'hypertension.

L'info du spécialiste
La consommation excessive de sodium conjuguée à une insuffisance d'apports en potassium est une cause fréquente d'hypertension artérielle. En dosant dans les urines le rapport sodium/potassium, on peut mettre en évidence ce risque.

En cas de HDL abaissé et de triglycérides élevés
Veillez à suivre les conseils nutritionnels proposés dans cet ouvrage et particulièrement « Comment je nourris ma communication cellulaire » p. 189.

Que doit contenir un complément alimentaire adapté ?
- une huile de poisson riche en EPA.

L'info du spécialiste
Les huiles riches en EPA sont naturellement présentes dans les huiles de poisson des mers froides. Chaque gramme d'huile contient 30 % d'oméga-3 avec une proportion de 2/3 d'EPA et 1/3 de DHA.
Certaines présentations contiennent des doses d'EPA plus concentrées ; elles sont issues d'un procédé particulier de distillation moléculaire.
Il est préférable que l'EPA provienne d'huile extraite de poissons sauvages, principalement : anchois, sardines et maquereaux.
Les produits doivent être formulés pour apporter la quantité d'oméga-3 recommandée par les apports nutritionnels conseillés (ANC) 2010.

Il faut faire attention à utiliser une huile de poisson de bonne qualité (indice de peroxydation faible, pauvre en polluants et en métaux lourds) et de préférence issue d'une pêche éco-responsable.

En cas de LDL-cholestérol élevé

Veillez à suivre les conseils nutritionnels proposés dans cet ouvrage.

Que doit contenir un complément alimentaire pour faire baisser efficacement le mauvais cholestérol ?
- un extrait de riz brun riche en policosanols ;
- de la levure de riz rouge apportant de la monacoline K. La monocoline K est une molécule naturelle chimiquement identique à la lovastatine apportée par les traitements hypocholestérolémiants médicamenteux. Son action sur le maintien d'une hypocholestérolémie normale, à raison de 10 mg/jour de monacoline K provenant de préparations de levure de riz rouge, a été validée par les autorités européennes (Autorité européenne de sécurité des aliments ; en anglais European Food Safety Authority).
- des phytostérols : les doses doivent être cependant de 2 g/jour à 2,5 g/jour ; c'est pour cela qu'on les trouve généralement dans des supports alimentaires de type margarine.

L'info du spécialiste
Depuis le mois de juillet 2011, l'allégation de santé « pour le maintien d'un taux de cholestérol normal » a été acceptée par l'EFSA en ce qui concerne la monacoline K issue de levure de riz rouge (EFSA; ID 1648,1700 pub: 28/07/2011).

S'il existe des facteurs de risques « résiduels » persistants

Si vous souffrez d'inflammation chronique de faible intensité et/ou si vos LDL oxydées restent augmentées
Votre médecin sera à même de vous prescrire un bilan biologique dosant une CRP ultrasensible et des anticorps anti-LDL oxydées permettant de mettre en exergue l'état inflammatoire et la présence de LDL oxydées.

Que doit contenir un complément alimentaire pour moduler ces deux paramètres ?
Il doit être très riche en polyphénols antioxydants spécifiques. Les polyphénols issus des fruits présentés ci-après possèdent un fort pouvoir antioxydant sur les LDL et une grande capacité à réguler l'inflammation.
– un extrait de raisin. Parmi les polyphénols les plus intéressants, on retrouve les OPC (oligoproanthocyanidines) situés dans les pépins de raisin. L'extrait de raisin a montré :
• un fort pouvoir antioxydant, inhibant les LDL oxydées (*in vitro*, *ex vivo* et *in vivo*) ;
• une action anti-inflammatoire validée *in vitro*.
– un extrait d'aronia. Cette plante d'origine nord-américaine, également cultivée en Europe de l'Est, produit des baies rouges ou noires. Il s'agit d'un des végétaux les plus riches en anthocyanines. Il contient également du potassium, du zinc, des vitamines B et du bêta-carotène. Différentes études validées chez l'homme ont montré que l'aronia possédait un fort pouvoir antioxydant et anti-inflammatoire, une action sur la dyslipidémie et un effet hypotenseur ;
– un extrait de grenade. Riche en anthocyanines et en tanins, la grenade possède une forte capacité antioxydante, supérieure à celle du vin rouge et du thé vert. Même si les jus de grenade s'avèrent intéressants pour la santé, ils font apparaître des taux souvent très inégaux entre eux, c'est pour cette raison que l'on préférera un extrait standardisé garantissant un apport stable en nutriments. Différentes études ont validé sa capacité chez l'homme à abaisser les LDL oxydées et son efficacité pour lutter contre l'inflammation ;
– un extrait d'olivier apportant de l'hydroxytyrosol qui bénéficie d'une allégation santé validée par l'EFSA pour un apport de 5 mg d'hydroxytyrosol : « protection des lipides contre le stress oxydatif » ;
– les autres antioxydants plus classiques : zinc, sélénium, bêta-carotène, vitamine E, vitamine C, etc.

Si vous souffrez de problèmes intestinaux
Lisez les conseils proposés dans « Mon intestin est en colère » p. 119 et consultez un spécialiste de la micronutrition.

Si votre taux d'homocystéinémie reste augmenté
L'homocystéine se dose par prélèvement sanguin, généralement sur prescription médicale.

Que doit contenir un complément alimentaire pouvant abaisser le taux d'homocystéine ?
- des vitamines B.

L'info du spécialiste
L'homocystéine est recyclée en méthionine ou convertie en cystéine en utilisant un métabolisme particulier qui implique notamment les folates (vitamine B9) et la vitamine B12. Il semble que l'homocystéine puisse s'oxyder et devenir délétère pour les parois vasculaires.
Alors que l'augmentation de l'homocystéine est corrélée au risque cardiovasculaire, il n'est pas prouvé scientifiquement que la baisse de l'homocystéine corrige le risque.
Il est cependant logique devant ce type d'anomalie biologique de faire un dosage sanguin des vitamines B9 et B12 et de compenser les déficits.
Il est logique également de proposer une protection antioxydante dans ce cas de figure, en particulier chez les personnes qui présentent des antécédents familiaux de pathologie cardiovasculaire.

La phytothérapie du risque cardio-métabolique

Lors d'une consultation en micronutrition, certaines plantes pourront également vous être conseillées. Elles viendront compléter, personnaliser et optimiser l'action des compléments alimentaires et des conseils nutritionnels associés.
En voici quelques-unes :
– comme dans la protection cellulaire, nous utiliserons volontiers le curcuma ;
– l'olivier sera intéressant dans l'hypertension, le syndrome métabolique et l'accompagnement de la perte de poids ;
– enfin, le chardon marie, grâce notamment à la silymarine, est utilisé en cas de stéatose hépatique.

Six motifs fréquents de consultation

Introduction

La micronutrition commence à ne plus avoir beaucoup de secrets pour vous !

Vous l'avez compris, cela consiste à : « mieux choisir son alimentation et se complémenter sur mesure ».

Ainsi, nous avons vu comment nourrir vos neurones au super et harmoniser vos pensées en même temps ; chouchouter votre intestin dès qu'il commence à se mettre en colère ; vous protéger contre les agressions qui vous regardent dans la glace (les rides), et plus insidieusement vous usent de l'intérieur ; fluidifier l'ensemble des membranes de toutes vos cellules ; remettre de l'ordre dans votre prise de sang pour vous protéger des pépins de la soixantaine... Vous avez désormais les clés pour agir !

Nous allons à présent envisager des situations pratiques et concrètes dans lesquelles vous vous reconnaîtrez peut-être.

La fatigue

Pannes d'oreiller, difficultés à se motiver, moral en berne, somnolences au cours de la journée, baisse de concentration... Vous vous sentez épuisé, vos membres pèsent une tonne et vos paupières sont lourdes, de plus en plus lourdes. Les signaux de la fatigue sont multiples et handicapants, ils perturbent intensément la qualité de vie en nous empêchant d'accomplir bien des projets. Loin d'être anodin, ce problème concerne près d'un Français sur deux. Malheureusement la médecine générale peine à identifier ses origines (surtout lorsqu'aucune pathologie n'est identifiée) et à trouver des solutions efficaces. En s'intéressant au contenu de notre assiette, en utilisant des questionnaires cliniques de « terrain » et en réalisant des bilans biologiques mettant en exergue des carences et des déséquilibres, la micronutrition peut permettre de dénouer les différents mécanismes impliqués dans les états de fatigue chronique.

La fatigue brouille les pistes

La fatigue se laisse rarement enfermer dans une case précise. C'est son caractère polymorphe qui rend le diagnostic compliqué et les solutions parfois difficiles à trouver. C'est pourquoi il est primordial de faire appel à un professionnel de santé formé à la micronutrition pour identifier la ou les causes d'un état de fatigue et bénéficier d'un accompagnement approprié et aussi complet que possible.

Ici, nous vous proposons d'aborder certaines pistes importantes à investiguer.

Vous vous sentez fatigué(e) ? Repérez vos symptômes à l'aide des situations suivantes.

Je me sens fatigué(e) et :

Je suis pâle, j'ai tendance à m'essouffler à l'effort.

J'ai les paupières qui sautent et/ou des tensions musculaires, des crampes.

J'ai des difficultés de motivation et de concentration.

Je me sens épuisé(e) et j'ai du mal à récupérer après des activités physiques.

Si vous vous reconnaissez dans une de ces situations, n'hésitez pas à en parler à votre spécialiste en micronutrition.

La prise en charge micronutritionnelle

Dans le cadre d'une prise en charge micronutritionnelle de la fatigue, il est possible de dégager spontanément et dans un premier temps trois principaux axes de déficits possibles :
– premièrement, nous pouvons suspecter un déséquilibre des neurotransmetteurs, notamment un déficit en dopamine et en noradrénaline qui possèdent une incidence directe sur notre motivation et notre concentration ;
– ensuite, il est important de penser aux carences en certains acides aminés, particulièrement les acides aminés branchés intervenant sur notre énergie ;
– enfin, il est légitime de vérifier si les statuts en fer et en magnésium sont optimaux. Effectivement, ces deux minéraux, comme nous l'avons vu dans ce livre, agissent au sein de notre organisme pour une foultitude de métabolismes.

Une fatigue, une micronutrition : plusieurs possibilités

Bien d'autres facteurs, imbriqués ou non, peuvent être la cause d'une fatigue. Mis à part les neurotransmetteurs, les déficits en fer, en magnésium et en acides aminés branchés, le micronutritionniste vérifiera votre équilibre acido-basique, l'état de votre intestin, de votre foie, de votre immunité (allergies, infections chroniques...), de votre statut en coenzyme Q10, etc. tous potentiellement impliqués dans un état de fatigue.

Concrètement

En cas de déficit en dopamine et en noradrénaline

Il pourra vous être conseillé un protocole personnalisé :

– une alimentation santé source de phénylalanine et de tyrosine. Pour davantage de précisions voir « Comment je nourris mon cerveau » p. 73 ;

– un complexe micronutritionnel spécifique favorisant la production de dopamine et de noradrénaline, contenant de la tyrosine (voir « La micronutrition du cerveau. Face à un déficit possible en dopamine et en noradrénaline » p. 103) ;

– différents conseils hygiéno-diététiques sur mesure.

En cas de déficit en magnésium

Si un déficit en magnésium a été évalué grâce aux symptômes fonctionnels (tensions musculaires, paupières qui sautent, crampes, fourmillements des doigts, vulnérabilité au stress, spasmes, etc.), il vous sera proposé :

– une alimentation riche en magnésium (voir p. 92) ;

– un complexe magnésien correctement assimilé par l'organisme (voir p. 107).

En cas de déficit en fer

Si un déficit en fer a été évalué grâce aux symptômes physiques (pâleur, essoufflement à l'effort...) et à la biologie (taux de ferritine

inférieur à 30 ng/ml pour une femme et inférieur à 80 ng/ml pour un homme), il sera utile de :
- suivre une alimentation apportant davantage de fer (voir p. 91) ;
- prendre un complément nutritionnel dont le fer est correctement assimilé par l'organisme (voir p. 108).

En cas de déficit en acides aminés branchés
On pourra évoquer un déficit en acides aminés branchés à la fois dans les cas de fatigue physique due à la pratique régulière d'un sport, à un rythme de vie soutenu, à des difficultés de récupération, mais aussi dans les situations d'épisodes infectieux à répétition, de surmenage ou de perte de poids excessive au détriment de la masse musculaire. Dans ce dernier cas, l'analyseur de composition corporel (ACC, voir p. 65) utilisé par le spécialiste en micronutrition sera incontournable. Certaines analyses pourront également nous renseigner sur un état de dénutrition protéique (albumine, pré-albumine...).

Dans ce cas de figure, il pourra vous être proposé de :
- suivre une alimentation plus riche en acide aminés branchés et notamment en leucine. En effet, de récentes études évaluent l'apport optimal quotidien à environ 3 g de leucine par repas. On retrouve la leucine notamment dans la viande, les œufs et les produits laitiers (voir tableau ci-après) ;
- restaurer un statut optimal en acides aminés branchés en prenant un complément nutritionnel spécifique particulièrement riche en ces mêmes acides aminés :
• soit pour les coups de fatigue ponctuels : hydrolysats riches en acides aminés ;
• soit pour les fatigues traînantes : protéines de lactosérum enrichies en leucine.

Des sources de protéines et de leucines

Aliments	Calories	Protéines (g)	Leucines (g)
Viande et poisson			
Poulet (100 g)	150	31	2,4
Porc (100 g)	240	26	2,2
Bœuf haché maigre (100 g)	260	26	2,0
Poissons et crustacés (100 g)	110	22	1,8
Légumineuses			
Soja (1/3 tasse)	230	20	1,6
Tofu (100 g)	150	16	1,2
Produits laitiers et œuf			
Cottage, lactosérum (brousse, ricotta) (1/2 tasse)	80	14	1,4
Yaourt nature (125 g)	80	8	0,7
Lait	90	8	0.9
Œuf (1)	80	6	0.5

Données tirées du Nutrition Action Healthletter

Toutefois, pour ne pas souffrir de fatigue, il est également important de bien dormir…

Les troubles du sommeil

Plus d'un tiers de notre vie est consacré à dormir... mais ce n'est pas du temps perdu ! Dormir, c'est vivre aussi, car le sommeil remplit des fonctions physiologiques essentielles : une bonne nuit nous aide à profiter pleinement de la journée et permet à notre organisme de récupérer tant physiquement que psychiquement. Aujourd'hui, près de 32 % des Français déclarent souffrir de troubles du sommeil, sans trouver de véritable solution sur le long terme, car les traitements usuels peuvent créer une dépendance sans nécessairement favoriser une bonne qualité de sommeil.

Quel dormeur êtes-vous ?

Plusieurs types de troubles peuvent se manifester et rendre votre sommeil non réparateur. Selon leur manifestation, le micronutritionniste sera à même de déterminer leurs origines.

Vous sentez-vous reposé(e) à votre réveil ?

Avez-vous des difficultés d'endormissement ?

Quand vous vous réveillez la nuit, avez-vous du mal à vous rendormir ?

Ressentez-vous des somnolences (bâillements, paupières lourdes, picotement dans les yeux) durant la journée ?

Avez-vous besoin de stimulants (café, cola, tabac...) le matin pour démarrer ?

Si vous avez répondu oui à une ou plusieurs questions, alors un accompagnement micronutritionnel pourrait s'avérer opportun.

La prise en charge micronutritionnelle

Étant donné que les neurotransmetteurs sont les principaux acteurs de la balance sommeil/éveil, ils restent les premiers éléments à identifier par le spécialiste en micronutrition afin de déterminer les causes d'un mauvais sommeil.

Il faut savoir que la mélatonine, notre neurotransmetteur du sommeil, est synthétisée à partir de la sérotonine, neuromédiateur que nous avons largement présenté au chapitre « Mon cerveau est surmené » (voir p. 71). Mais ce n'est pas tout, puisque cette dernière active également le système GABA (acide gamma amino-butyrique : le principal système inhibiteur du cerveau avec la sérotonine), un autre neurotransmetteur intervenant dans l'endormissement.

On sait aussi qu'un déficit en dopamine entraîne un sommeil agité et non réparateur.

Enfin, il sera indispensable de vérifier que certains minéraux, vitamines et acides gras (magnésium, fer, vitamines B, zinc, oméga-3...) intervenant dans la fabrication de ces mêmes neurotransmetteurs ne sont pas déficients.

Concrètement

En cas de déficit en neurotransmetteurs – dopamine, noradrénaline, sérotonine –, il pourra vous être conseillé un protocole personnalisé :
– une alimentation santé riche en tyrosine au petit déjeuner et au déjeuner, grâce à l'apport préférentiel de protéine (jambon, œuf,

viande, poisson...) et de végétaux (légumes, fruits) pour faciliter la sécrétion de dopamine. Une collation et un repas du soir apportant préférentiellement des aliments riches en magnésium et en céréales pour permettre d'optimiser l'assimilation du tryptophane, un acide aminé précurseur de la sérotonine et de la mélatonine. Pour davantage de précisions, voir « Mon cerveau est surmené » (p. 71) ;

– un complexe micronutritionnel spécifique favorisant la production de dopamine et de noradrénaline, à base de tyrosine (voir p. 104), et/ou de sérotonine, à base de tryptophane (voir p. 102 et p. 103). Concernant les problèmes plus spécifiques d'endormissement, un produit contenant de la mélatonine (de 0,5 mg à 2 mg), à avaler avant le coucher, pourra se montrer d'une aide précieuse.

– certaines plantes sous forme d'extraits de plantes fraîches peuvent se montrer extrêmement performantes dans ce type de problématique si elles sont conseillées avec précision : eschscholtzia, valériane, houblon, aubépine, passiflore, griffonia, mucuna, mélisse, rhodiole, etc. ;

– différents conseils hygiéno-diététiques pourront vous être prodigués : l'importance d'une bonne literie et celle d'une obscurité totale pour favoriser la sécrétion de mélatonine, une chambre dont la température doit être comprise entre 16 et 20 °C favorisant ainsi une diminution de la température corporelle nécessaire à un bon sommeil, éviter les excitants (nicotine, alcool, caféine), pratiquer une activité physique dans la journée, éviter l'alcool et les repas copieux au dîner, éviter l'exposition à la lumière des écrans (ordinateurs, jeux vidéo, télévision, tablettes) au moins deux heures avant le coucher car elle modifie la sécrétion de mélatonine, augmente l'éveil et retarde l'endormissement...

Les infections à répétition

Vous êtes tout le temps patraque ? Encore la faute à « pas de chance », pensez-vous ? Que nenni, il s'agit plutôt de la rencontre entre un intrus (souvent un virus) et un environnement propice (la plupart du temps une vulnérabilité momentanée de nos défenses immunitaires). Pour mieux se défendre, une solution : limiter le nombre d'intrus et fermer la porte aux inconnus malveillants ! Afin d'y parvenir, notre organisme dispose d'un système de défense, le système immunitaire qui, par une série de maillages complexes, tisse une toile à visée protectrice. Mais pour mener à bien ses missions, ce système fait appel à de nombreux acteurs, en particulier micronutritionnels.

Avez-vous besoin de booster vos défenses ?

J'ai eu au moins deux épisodes infectieux pendant l'hiver.

Je mange moins de cinq fruits et légumes par jour.

J'ai pris des antibiotiques à plusieurs reprises cet hiver.

Je ne suis pas allé(e) beaucoup au soleil cette année.

Si vous avez répondu au moins une fois oui, c'est que vous avez peut-être besoin d'un accompagnement en micronutrition pour consolider vos défenses immunitaires.

La prise en charge micronutritionnelle

Le premier élément au cœur de notre système de défense immunitaire reste l'intestin. Son état sera systématiquement évalué par votre micronutritionniste.

Rappelez-vous (nous l'avons longuement présenté, au chapitre « Mon intestin est en colère » p. 119), l'écosystème intestinal est constitué par la flore qui permet de nous protéger contre les bactéries « ennemies » grâce à son effet barrière. Environ 60 % de nos cellules immunitaires sont concentrées dans l'intestin ! Et les cellules du système immunitaire intestinal se chargent de faire le tri entre les bactéries nocives et celles qui sont, au contraire, bénéfiques pour la santé. D'autres micronutriments permettent également de renforcer notre immunité, il s'agit du fer, de la vitamine D, des acides gras essentiels polyinsaturés (oméga-3) et des antioxydants (sélénium, zinc, vitamine C, vitamine E...).

Concrètement

Si vous souffrez de troubles immunitaires, votre spécialiste en micronutrition vous proposera différents conseils. À cette fin, il utilisera plusieurs outils performants. Selon l'origine de votre problème, il pourra vous être conseillé d'adopter une alimentation riche en antioxydants (voir « Ma protection cellulaire s'est mise en congés » p. 149), en fer, en acides gras polyinsaturés (voir « Ma communication cellulaire ne passe plus » p. 187) ou en probiotiques (voir « Mon intestin est en colère » p. 119).

Différents compléments alimentaires pourront alors venir potentialiser ces conseils nutritionnels, en particulier si les résultats des bilans biologiques font état de déficits :

– un probiotique pourra vous apporter des bactéries adaptées à une déficience immunitaire ;
– des antioxydants (voir p. 152 et p. 161) ;
– de la vitamine D ou des capsules d'huile de foie de morue ;
– du fer bien assimilé, si un déficit en fer est avéré par la mesure du taux de ferritine ;
– des plantes sous forme d'extraits de plantes fraîches pourront également se montrer très performantes et venir renforcer le travail micronutritionnel. Le cyprès et l'échinacée sont des plantes utiles pour le système immunitaire.

Les allergies

Il paraît que le bonheur serait dans le pré... Pas si sûr, surtout pour les 6 millions de Français qui commencent à éternuer dès le début du printemps. On dénombre 25 à 30 % de personnes allergiques en France (dermatite atopique, rhinite, conjonctivite, asthme, allergies alimentaires...). L'OMS fait de l'allergie la 4e maladie dans le monde : des chiffres qui ont explosé ces 20 dernières années. Pourquoi un tel accroissement ? On sait que l'hérédité joue un rôle important dans l'allergie, mais elle n'explique pas tout. Le changement des modes de vie des pays favorisés est aussi au banc des accusés : pollution, tabac, modification du contenu de nos assiettes, aseptisation poussée à l'extrême, diversification alimentaire intervenue trop tôt dans l'enfance sont autant de phénomènes qui déroutent notre système immunitaire.

Êtes-vous concerné par l'allergie ?

– Avoir le nez bouché qui coule en permanence et des éternuements incessants signe une rhinite allergique ;
– avoir les paupières gonflées, les yeux rougis et qui démangent signe une conjonctivite allergique ;
– avoir des difficultés pour respirer, un essoufflement, une respiration sifflante et une sensation d'oppression dans la poitrine signe un asthme ;
– un bébé qui présente des plaques rouges au niveau des joues, des plis qui le grattent et dont la peau est très sèche souffre souvent

d'une dermatite atopique ou d'un eczéma atopique. Ce type d'eczéma est différent de l'eczéma de contact de l'adulte : réaction allergique due au contact avec certains produits (chrome, nickel, produits d'entretien, cosmétiques, latex, pommades...) ;
– avoir une éruption de boutons, comme des piqûres d'ortie, et qui grattent intensément signe un urticaire ;
– avoir les paupières, les lèvres et les mains gonflées et une sensation d'oppression dans la gorge signe un œdème de Quincke. Il s'agit ici d'une urgence médicale car il peut aboutir à un étouffement par gonflement des muqueuses des voies respiratoires.
Les allergies peuvent néanmoins s'avérer moins prononcées et se manifester par une toux sèche persistante, une toux à l'effort, des troubles digestifs (diarrhée, constipation), une fatigue chronique...

La prise en charge micronutritionnelle

Si vos allergies vous empoisonnent la vie, la micronutrition peut faire quelque chose pour vous. Il s'agit de déterminer en priorité l'état de votre écosystème intestinal et celui de votre système immunitaire. Il est important de savoir que tout déséquilibre de l'écosystème intestinal favorise l'intrusion digestive des allergènes dans l'organisme.

Dans ce cas, il s'avère également incontournable de faire le point sur votre alimentation pour déterminer les éventuels déficits ou les déséquilibres, notamment en acides gras.

Concrètement

– Selon votre problématique personnelle d'allergie, le micronutritionniste fera le choix du probiotique qu'il vous faut. Il pourra vous proposer un complexe probiotique dont les souches

spécifiques qui le constituent permettent de rééquilibrer le système immunitaire ;
– il étudiera avec attention l'état de la muqueuse intestinale et restaurera si nécessaire son étanchéité grâce à l'apport d'un prébiotique associé à de la glutamine ;
– afin de renforcer l'action du probiotique choisi, la phytothérapie se montrera particulièrement performante. On pourra choisir des plantes naturellement anti-inflammatoires et antihistaminiques. En fonction du problème allergique rencontré : cassis, plantain, sureau, desmodium, fumeterre, réglisse... ;
– enfin, si la peau est sèche et dans le but d'obtenir un effet anti-inflammatoire efficient, il conviendra d'équilibrer les acides gras de l'alimentation (voir « Ma communication cellulaire ne passe plus » p. 189) ;
– des oméga-3 (EPA et DHA) ainsi que des oméga-6 (huile de bourrache) pourront également vous être conseillés, en particulier si la biologie révèle des carences. Dans ce contexte, une association oméga-3 + oméga-6 peut s'avérer une solution satisfaisante.

La fibromyalgie

Il s'agit là d'une affection classée «affection longue durée» en France mais pour laquelle aucun médicament spécifique n'a obtenu d'autorisation de mise sur le marché. En 2008, le congrès européen de rhumatologie EULAR a recommandé l'utilisation des antidépresseurs et des antiépileptiques. Dans la pratique, leur effet améliorerait surtout les troubles de l'humeur... Or, une approche clinique et biologique micronutritionnelle bien menée semble prometteuse tant sur le plan des douleurs que sur les signes associés de la fibromyalgie.

La prise en charge micronutritionnelle

Face à une fibromyalgie, le spécialiste en micronutrition utilisera les divers outils dont il dispose. Des données, émanant de médecins micronutritionnistes depuis 2005 et regroupées au sein de l'observatoire de l'IEDM (Institut européen de diététique et de micronutrition), ont permis de mettre en exergue des relations pertinentes communes à l'ensemble des patients souffrant de fibromyalgie.

Les résultats des questionnaires fonctionnels QMS (et auparavant des DDM, DNS et QVD) ont notamment confirmé que la fibromyalgie est bien une maladie présentant une perturbation plurifonctionnelle, où les troubles de l'humeur, la fatigue, les troubles digestifs et les troubles ostéo-articulaires sont majeurs. Ils présentent des profils largement en faveur d'une hyperperméabilité intestinale.

Les antécédents de candidose (de mycose) s'avèrent beaucoup plus fréquents que dans une population témoin. Dans ces observations, il a également été noté – chez 45 % des patients – la présence d'herpès récidivants.

Les patients fibromyalgiques présentent des perturbations sur les quatre maillons faibles (voir p. 29), avec une prédominance nette concernant l'interface digestive et la communication cellulaire. Il est à noter que le micronutritionniste individualise toujours ses conseils nutritionnels et micronutritionnels en fonction des explorations fonctionnelles et biologiques qu'il a en sa possession. Cet état de fait vaut pour la prise en charge de tout type de pathologies ou déséquilibres rencontrés.

Concrètement

D'une manière générale, le spécialiste en micronutrition pourra proposer :
– un complément probiotique dont les souches possèdent des propriétés démontrées sur l'inflammation et/ou sur le *Candida albicans* (mycoses) ;
– un mélange d'actifs à visée cicatrisante de la muqueuse intestinale contenant des prébiotiques et de la glutamine ;
– un produit régulateur de l'acidité de l'organisme (citrate de potassium) ;
– selon les résultats de la biologie : du coenzyme Q10, des modulateurs de protéines de stress, et un produit pour soutenir la détoxication hépatique pourront également être conseillés ;
– au niveau de l'alimentation, le « modèle d'épargne digestive » pourra être proposé (voir p. 137). Certains aliments seront éventuellement à limiter ou à exclure (notamment les produits laitiers et ceux à base de gluten) si les analyses biologiques révèlent une hypersensibilité.

La perte de poids

Nous sommes tous différents et uniques. Notre patrimoine génétique, notre culture alimentaire, notre personnalité de mangeur, ou même nos goûts ont une influence sur notre poids. Pour toutes ces raisons, le « régime miracle » qui marcherait pour tout le monde n'existe pas. C'est pourquoi la micronutrition propose une prise en charge personnalisée. Son objectif : partir à la découverte des multiples verrous qui nous empêchent de mincir. Grâce à des outils à la pointe de l'innovation, le micronutritionniste va mettre en place une stratégie gagnante « sur mesure » en s'appuyant sur votre propre profil micronutritionnel.

Testez votre profil micronutritionnel

Vous pourrez vous reconnaître dans un ou plusieurs de ces profils. La stratégie minceur la plus adaptée à votre situation sera déterminée à partir de vos réponses.

QFP simplifié[1]

Profil « neuromédiateurs »
Je me sens souvent irritable, impatient(e), partant au « quart de tour ».

1. Le QFP simplifié est emprunté au questionnaire des profils micronutritionnels développé par Laurence Benedetti et Didier Chos dans *Les Échos de la micronutrition*, n° 28, 2006.

Quand j'essaie de perdre du poids, je finis toujours par craquer sur du sucre, je fais souvent le yo-yo.

Mes envies sucrées (chocolat...) sont plus fortes en fin d'après-midi.

Profil « déficit micronutritionnel »
J'ai les paupières qui sautent ou j'ai souvent des crampes.

J'ai la peau sèche, les ongles cassants, les cheveux qui tombent.

Je suis facilement fatigué(e), je me sens vidé(e) « physiquement ».

Profil « résistance à l'insuline »
Quand je grossis, je prends tout dans le ventre.

J'ai fait du diabète gestationnel durant ma grossesse et/ou il y a des gens diabétiques dans ma famille.

J'ai pris rapidement du poids en arrêtant le sport.

Profil « digestif »
J'ai souvent le ventre ballonné avec des douleurs abdominales.

J'ai un transit irrégulier (diarrhée, constipation ou alternance des deux).

J'ai des brûlures d'estomac ou des reflux acides.

La prise en charge micronutritionnelle

Le micronutritionniste va prendre en charge votre amincissement de la même manière qu'il le ferait pour toute autre problématique de santé. De fait, il utilisera les différents questionnaires fonctionnels, ainsi que les bilans biologiques qu'il jugera nécessaire de

faire réaliser. Ces derniers permettront de mettre en évidence des carences ou des déséquilibres susceptibles de provoquer :
- soit des résistances à l'amaigrissement ;
- soit des inconvénients pour votre santé qui aboutiraient, *in fine*, à un échec du programme entrepris.

Le but sera donc pour lui, certes de vous faire mincir, mais en améliorant par la même occasion votre bien-être à court et à long terme.

Il utilisera aussi l'ACC (analyseur de composition corporelle, présenté p. 65), afin que vous puissiez suivre ensemble les progrès de votre amincissement. Cet appareil permettra d'obtenir des informations précieuses pour savoir si la perte de poids se fait dans les conditions optimales de santé requises. Enfin, le micronutritionniste vous donnera de nombreux détails pratiques et singuliers sur la cuisine, l'activité physique, l'alimentation, les techniques antistress...

Concrètement

Revenons aux résultats du petit questionnaire précédent. Il s'agit de vous donner quelques pistes qu'il conviendra, comme vous l'aurez compris, de compléter avec votre micronutritionniste.

Si les réponses du profil « neuromédiateurs » sont majoritaires
Dans ce cas, il y a de fortes chances que votre surpoids soit lié à **un déséquilibre en neuromédiateurs** et particulièrement en sérotonine.

Dans un premier temps, nous vous invitons à relire le chapitre dédié à la sérotonine dans « Mon cerveau est surmené » (voir p. 71).

Certains compléments alimentaires pourront également vous donner un sérieux coup de pouce :
- dans les cas de grignotage simple, un complément alimentaire riche en tryptophane (voir p. 102) peut suffire ;

– dans les cas de compulsions sucrées plus intenses, un autre produit riche en protéines de lactosérum pourra s'avérer très efficace (voir p. 103).

Si les réponses du profil « déficit micronutritionnel » sont majoritaires

Dans ce cas, votre surpoids pourrait être lié à une alimentation qui privilégie les calories « vides », c'est-à-dire **une alimentation pauvre en micronutriments.** Les déficits en micronutriments, liés à une alimentation peu diversifiée et/ou à une mauvaise assimilation, ralentissent toutes les réactions de l'organisme : il fonctionne alors en dépensant un minimum d'énergie et en « stockant » les moindres excès. Par ailleurs, certains micronutriments agissent directement sur les mécanismes qui contrôlent notre poids. C'est notamment le cas du fer, du magnésium et de l'iode.

Ici, il sera nécessaire de rechercher des déficits par le biais d'un bilan biologique. Les aliments choisis devront être de densité micronutritionnelle importante, riches en antioxydants. De plus, un travail minutieux sur l'équilibre des acides gras devra être réalisé.

Certains compléments alimentaires pourront également venir prêter main-forte en fonction des résultats biologiques :
- des acides gras essentiels ;
- du fer et du magnésium correctement assimilés ;
- de l'iode ;
- des probiotiques s'il existe des problèmes d'assimilation au niveau intestinal.

Si les réponses du profil « résistance à l'insuline » sont majoritaires

Dans ce cas de figure, votre surpoids est sans doute associé à **un trouble du métabolisme des sucres et de l'insuline.**

L'insuline est l'hormone de la mise en réserve. Après un repas, elle permet de stocker les sucres et les protéines dans le muscle et les graisses dans le tissu adipeux. Certaines personnes prédisposées génétiquement présentent une résistance à l'insuline. Elles ont tendance à stocker les graisses au niveau de l'abdomen et à avoir plus de difficultés à perdre du poids.

Ici, la stratégie micronutritionnelle consistera notamment à diminuer la consommation globale des glucides.

Certains compléments alimentaires pourront apporter une aide précieuse :
- de la cannelle et/ou du resvératrol permettra d'agir spécifiquement sur le métabolisme de l'insuline (voir p. 114, 181 et p. 180) ;
- un prébiotique pourra également être utilisé en ralentissant la vidange gastrique et de fait en freinant l'assimilation des sucres dans le sang.

Si les réponses du profil « digestif » sont majoritaires
Dans ce cas, votre surpoids est sans doute associé à **une perturbation de l'écosystème intestinal.** On sait aujourd'hui que les personnes en surpoids ont un profil de microbiote particulier qui facilite la perméabilité de la muqueuse intestinale (pour davantage de précisions, voir « Mon intestin est en colère » p. 119). Cette perméabilité laisse passer un certain nombre de substances qui vont entraîner une inflammation du tissu adipeux. Le profil du microbiote va également agir sur la satiété digestive.

Ici, la stratégie micronutritionnelle visera à rétablir l'équilibre de la flore intestinale et à favoriser la satiété. Un régime d'épargne digestive (voir p. 137) pourra vous être proposé. De plus, certains compléments alimentaires pourront donner un coup de pouce :
- un probiotique permettra de restaurer les propriétés de la flore intestinale et facilitera la digestion et l'assimilation des micronutriments ;
- un prébiotique favorisera la multiplication des bonnes bactéries présentes dans l'intestin et agira sur la satiété ;

– un complexe favorisant la cicatrisation de la muqueuse intestinale pourra éventuellement vous être conseillé.

Vous pouvez aussi consulter le chapitre « Comment je complémente mon écosystème intestinal » p. 139.

Les recettes

Lait fermenté Fermentine (recette de base)

Préparation-cuisson : 15 min   Fermentation : 8 h
Repos au réfrigérateur : au moins 4 h

Pour 6 petits pots

1 sachet de ferments lactiques concentrés (Fermentine Résistance*)
1 sachet de préparation (protéines) pour lait fermenté (Fermentine Résistance*)
1 bouteille de lait de votre choix (écrémé, demi-écrémé, entier, pauvre en lactose ou lait de soja) à température ambiante

Ustensiles

1 récipient de 1 litre minimum (si possible avec bec verseur)
1 casserole
1 fouet
6 pots de yaourts en verre avec leurs couvercles
1 fermenteur*

- Dans un récipient de 1 litre minimum, avec si possible un bec verseur, mettez le contenu des sachets de ferments lactiques et de protéines.
- Ajoutez 3 pots en verre (remplis à 1 cm du bord) de lait à température ambiante. Mélangez avec un fouet.
- Dans une grande casserole, faites chauffer 3 pots en verre (remplis à 1 cm du bord) de lait jusqu'à frémissement.
- Quand le lait est chaud, versez-le dans le récipient contenant les poudres diluées dans le lait, en remuant rapidement avec le fouet.
- Immédiatement, répartissez le mélange chaud dans les 6 pots en verre, puis fermez-les à l'aide des couvercles.

* Les sachets de ferments Fermentine Résistance s'achètent sous forme de kits (avec le fermenteur) en pharmacie sous la marque Escofine.

- Placez les pots dans la double enveloppe du fermenteur puis refermez-le.
- Laissez fermenter les pots dans le fermenteur (sans l'ouvrir) au minimum 8 h dans une pièce à température ambiante (± 22 °C).
- Après fermentation, placez les pots de lait fermenté quelques heures au réfrigérateur avant de les consommer.

Remarques importantes pour réussir vos laits fermentés

- Les étapes 4, 5 et 6 doivent être réalisées rapidement pour que la température de mélange diminue le moins possible. C'est indispensable pour que les probiotiques se développent bien et que vos laits fermentés soient réussis.
- Vous pouvez préparer vos laits fermentés le soir et les laisser fermenter toute la nuit. Placez-les au réfrigérateur le matin. Vous pourrez alors les consommer le soir même ou le matin suivant.
- Les laits fermentés peuvent être conservés 15 jours au réfrigérateur.
- Avant la première utilisation, les pots en verre doivent être lavés. En cas de casse d'un des pots dans l'étui, il est recommandé de jeter tous les pots ; ceci afin d'éviter toute contamination par des débris de verre dans les pots voisins.

Bon à savoir

Vous pouvez aussi réaliser ces petits pots avec Fermentine Résistance qui contient des fibres alimentaires (inuline de chicorée ; lire p. 125 pour connaître les spécificités). Toutefois, le lait étant déjà inclus dans le produit, on ne peut pas choisir le type de boisson pour les confectionner.

Des associations gourmandes

- Fermentine peut se consommer nature au petit déjeuner ou au goûter.
- Vous pouvez également le mélanger avec des fruits frais, du miel, de la purée de fruits, de la stévia...

- Vous l'utiliserez éventuellement pour réaliser des sauces fraîches, en accompagnement de crudités, de terrines de légumes ou de poissons...

Voici quelques idées de préparations, à tester :

Sauce au citron

Mélangez 1 pot de lait fermenté Fermentine avec 1 cuil. à soupe de jus de citron, un mélange d'huile d'olive et de colza et 1 cuil. à soupe de ciboulette ciselée.

Sauce fenouil-estragon

Mélangez 2 pots de lait fermenté Fermentine avec 1 cuil. à soupe d'estragon frais, de l'huile d'olive-colza et 1/2 bulbe de fenouil haché.

Sauce au concombre

Mixez 1 concombre. Égouttez-le, puis mélangez-le avec 1 pot de lait fermenté Fermentine. Ajoutez ensuite 1 filet de vinaigre balsamique.

Mayonnaise aromatique

Préparation : 10 min

Pour 15 cl de mayonnaise
2 jaunes d'œufs fermiers ou riches en oméga-3 (label Bleu-Blanc-Cœur*)
1 à 2 gousses d'ail (selon le goût)
1 cuil. à café rase de moutarde forte de Dijon
15 cl d'huile de colza**
– ou d'olive-colza à l'ail frais
– ou d'olive-colza au basilic
– ou d'olive-colza à l'estragon
– ou d'olive-colza aux herbes de Provence
– ou d'olive-colza au citron...
Sel fin

- Disposez les jaunes d'œufs au fond d'un bol. Ajoutez la moutarde, les gousses d'ail écrasées au presse-ail et mélangez.
- Versez l'huile petit à petit sur le mélange, sans cesser de remuer, jusqu'à ce que la préparation épaississe.
- Réservez au réfrigérateur et consommez rapidement.

Bon à savoir
- Cette mayonnaise a un ratio **oméga-6/oméga-3** optimal puisque inférieur à 4.
- Cette mayonnaise se conserve 48 h maximum sous film ou dans un bocal fermé, au réfrigérateur.
- Cette mayonnaise peut accompagner des petits légumes crus, des salades ou encore du poisson blanc.

* Voir p. 191.
** Voir le choix des huiles p. 87.

Sauce miso

Préparation : 5 min

Pour 25 cl de sauce

25 cl d'huile d'olive/colza bio, de première pression à froid
1 cuil. à soupe de miso*
4 gousses d'ail écrasées au presse-ail (ou oignons frais)
1 citron (jus)

- Mettre tous les ingrédients dans le bol d'un mixeur.
- Bien émulsionner.

Bon à savoir

– On utilise cette sauce notamment pour **assaisonner les crudités.**
– Elle peut se **conserver** 3 semaines au réfrigérateur.

* Condiment végétarien que l'on trouve dans les épiceries asiatiques et magasins bio.

Sauce aux haricots blancs et herbes fraîches

Préparation : 15 min Trempage des haricots : 1 nuit Cuisson : 30 min

Pour 4 personnes

200 g de faisselle de chèvre
ou 200 g de lait fermenté Fermentine*
300 g de haricots blancs cuits (ou éventuellement en bocaux)
1 carotte
1 oignon
3 oignons frais
1 bouquet garni
50 g de cresson (facultatif)
3 cuil. à soupe d'herbes fraîches hachées : cerfeuil, persil, ciboulette...
3 cuil. à soupe d'huile d'olive ou d'huile d'olive-colza
7 g de K-Sel**

- Si vous ne choisissez pas des haricots secs déjà cuits en bocaux, laissez-les tremper toute une nuit, puis rincez-les.
- Disposez-les ensuite dans une cocotte et recouvrez-les d'eau. Ajoutez 1 carotte, 1 oignon et 1 bouquet garni afin d'aromatiser la préparation. Laissez cuire environ 30 min.
- Égouttez et gardez le jus de cuisson. Retirez le bouquet garni, puis mixez ensemble les haricots, les oignons frais, les herbes fraîches, l'huile d'olive, la faisselle et le K-Sel. Ajoutez-y si besoin un peu de jus de cuisson selon la texture désirée.
- Cette préparation peut se consommer aussi bien chaude que froide.

Bon à savoir

– Il est possible d'utiliser d'autres légumes secs pour la réalisation de cette recette : pois chiches, haricots rouges, lentilles, flageolets...
– Cette sauce accompagne à merveille les crudités, les gressins, les céréales ou encore le poisson.

---

* Voir p. 270.
** Voir p. 206.

Sauce tomate mi-corazon

Préparation : 10 min   Cuisson : 40 min

Pour 4 personnes

8 tomates mûres ou purée de tomates
4 oignons
4 gousses d'ail
1 branche de thym
4 feuilles de sauge
2 cuil. à soupe rases de concentré de tomate
2 cuil. à soupe d'huile d'olive ou de margarine riche en oméga-3, pour cuisson (type Primevère ou St Hubert)
1 cuil. à soupe rase de curcuma
Sel et 1 pincée de poivre

- Détaillez les tomates en cubes.
- Faites chauffer l'huile d'olive ou la margarine dans une poêle et disposez les oignons coupés en lamelles. Faites-les revenir puis ajoutez les gousses d'ail coupées, le curcuma, le poivre, le sel, les aromates, le concentré de tomate et les cubes de tomates. Remuez. Baissez le feu et laissez mijoter à couvert pendant 30 min.
- Découvrez ensuite afin de faire réduire la sauce pendant environ 30 min.

Bon à savoir

Ce plat a un pouvoir **antioxydant** maximal (22 528 µmol ORAC par portion).

Jardinière de légumes lacto-fermentés au K-Sel

Préparation : 30 min Marinade : 15 min Repos : 24 h

Pour 4 personnes
(un bocal de 50 cl)
300 g de légumes, au choix :
navets, carottes, haricots verts, fenouil, céleri-rave, poivrons, tomates vertes, côtes de blettes, chou-fleur, brocoli
2 cuil. à soupe de miel ou 2 morceaux de sucre de canne complet
12,5 cl de vinaigre blanc
10 g de K-Sel*

- Lavez et coupez les légumes en rondelles ou en bâtonnets. Saupoudrez-les de K-Sel, mélangez et laissez mariner durant 15 min.
- Faites bouillir 25 cl d'eau avec le miel ou le sucre et laissez refroidir.
- Ajoutez le vinaigre dans les légumes puis l'eau au miel refroidie. Mélangez le tout.
- Lavez à l'eau bouillante le bocal en verre fermant hermétiquement. Remplissez-le de légumes et recouvrez-les avec le jus en les tassant bien. Fermez le bocal hermétiquement.
- Laissez-le fermenter pendant 24 h à 18-20 °C maximum, à l'abri de la lumière.
- Ensuite, gardez-le dans le bas du réfrigérateur. La préparation est alors prête à être consommée.

* Voir p. 206.

Bon à savoir

- Ces légumes lacto-fermentés présentent les mêmes avantages que la choucroute. En effet, ils contiennent des bactéries positives pour notre flore intestinale (voir p. 126).
- Ces légumes se dégustent en salade, seuls ou mélangés à des crudités, ou en apéritif.
- Une fois préparé, le bocal se conserve 1 mois au réfrigérateur.

Salade de mâche et fèves sauce citronnette

Préparation : 10 min   Cuisson : 10 min

Pour 4 personnes
200 g de mâche
50 g de fèves fraîches
2 gousses d'ail
2 cuil. à soupe de jus de citron
2 cuil. à soupe de graines de lin ou de chia finement moulues (en magasin bio)
3 cuil. à soupe d'huile de première pression à froid (olive-colza ou olive-colza à l'ail frais ou olive-colza au citron)*
Sel fin

- Écossez les fèves (1re peau) et plongez-les dans une casserole d'eau bouillante salée. Dès la reprise du bouillon, égouttez-les, passez-les sous un filet d'eau froide et retirez leurs fines peaux.
- Rincez, puis essorez délicatement la mâche.
- Disposez-la dans un saladier et ajoutez les fèves.
- Dans un bol, émulsionnez l'huile d'olive-colza avec le jus de citron, du sel et l'ail écrasé au presse-ail.
- Ajoutez la sauce à la salade et saupoudrez de graines de lin ou de chia que vous aurez préalablement finement moulues.

Bon à savoir
- Cette salade a un ratio **oméga-6/oméga-3** optimal puisque inférieur à 4.
- Vous pouvez remplacer la mâche par de jeunes **pousses d'épinard.**

* Voir p. 87.

Velouté de topinambours

Préparation : 15 min Cuisson : 40 min

Pour 4 personnes

500 g de topinambours
2 cuil. à soupe de lait fermenté Fermentine*
1 cuil. à café de curry
50 cl de bouillon de volaille
2 cuil. à soupe d'huile d'olive
Sel fin

- Lavez les topinambours non pelés, puis coupez-les en petits dés.
- Chauffez l'huile d'olive dans une cocotte et ajoutez les topinambours. Faites-les suer pendant 2 min, puis ajoutez le curry.
- Mouillez avec le bouillon et portez à ébullition.
- Laissez cuire à frémissement pendant 30 min.
- Mixez la préparation, puis ajoutez le lait fermenté et rectifiez l'assaisonnement.
- Servez.

* Voir p. 270.

Artichauts farcis

Préparation : 15 min Cuisson : 25 min

Pour 4 personnes
4 gros artichauts
2 gousses d'ail
1 citron (jus)
200 g de brousse de brebis
2 cuil. à soupe d'huile d'olive
Sel fin

- Faites bouillir une grande casserole d'eau salée avec le jus du citron.
- Préchauffez le four à 180 °C (th. 6).
- Préparez les artichauts : coupez la queue, enlevez les deux tiers des feuilles à la base et coupez le haut de chaque artichaut au tiers de sa hauteur. Plongez les artichauts dans l'eau bouillante et laissez-les cuire 10 min. Égouttez et laissez refroidir.
- Retirez les feuilles à l'intérieur et le duvet pour dégager le fond et pouvoir farcir les artichauts.
- Mixez ensemble la brousse et l'ail. Salez. Farcissez chaque artichaut. Déposez-les dans un plat à gratin et arrosez-les d'un filet d'huile d'olive.
- Enfournez et laissez cuire 15 min.
- Dégustez en effeuillant l'artichaut et en trempant chaque feuille dans la sauce à la brousse (comme des mouillettes) et finissez par le fond d'artichaut.

<u>Bon à savoir</u>
Ce plat a un pouvoir **antioxydant** maximal (19 041 µmol ORAC par portion).

PLATS

Couscous de quinoa

Préparation : 30 min   Cuisson : 1 h

Pour 4 personnes
250 g de quinoa
2 courgettes
6 carottes
2 gros navets
1 bouquet garni (laurier, persil)
1 petite boîte de pois chiches
60 g de raisins secs
4 cuil. à café de ras-el-hanout
1 cuil. à café bombée de cannelle en poudre
1 pointe de harissa (facultative)
25 g de margarine riche en oméga-3, pour cuisson (type Primevère ou St Hubert)
Sel fin

- Faites gonfler les raisins secs dans une petite casserole d'eau parfumée de 1 cuil. à café bombée de cannelle et faites chauffer. Ajoutez 5 g de margarine et laissez cuire jusqu'à ce que les raisins soient confits et que l'eau soit évaporée.
- Faites cuire le quinoa 15 min dans 50 cl d'eau salée. Ajoutez 10 g de margarine et laissez reposer.
- Dans une grande casserole d'eau salée, mettez le bouquet garni, 10 g de margarine et le ras-el-hanout. Portez à ébullition. Baissez le feu.
- Lavez les légumes et pelez-les (sauf les courgettes). Coupez les carottes en deux, les navets en quartiers et les courgettes en gros cubes. Mettez d'abord les carottes et les navets dans la casserole, couvrez et laissez cuire 10 min. Ajoutez ensuite les pois chiches et les courgettes, poursuivez la cuisson 15 min. Goûtez le bouillon et rectifiez l'assaisonnement.
- Disposez le quinoa dans un plat à tajine, recouvrez avec les légumes et les raisins.
- Versez le bouillon de cuisson dans un plat creux.

- Dans un bol, mélangez une pointe de harissa avec une louche de bouillon : vous pourrez vous en servir avec parcimonie pour relever le couscous.
- Arrosez le couscous de quinoa, à votre convenance, avec du bouillon de cuisson. Vous pouvez déguster.

Bon à savoir

- Ce plat a un pouvoir **antioxydant** maximal (11 512 µmol ORAC par portion).
- Le **ras-el-hanout** est un mélange d'épices pour couscous que l'on trouve tout prêt dans le commerce.

Tian de haricots rouges

Préparation : 20 min Trempage : 12 h Cuisson : 1 h 40

Pour 4 personnes

400 g de haricots rouges
1 kg de poireaux ou d'oignons
2 gousses d'ail
1 cuil. à soupe de thym
2 feuilles de laurier
100 g de jambon fumé en petits cubes
1 cuil. à soupe de concentré de tomate
20 cl de vin rouge
3 cuil. à soupe d'huile d'olive
Sel fin

- Dans une marmite, mettez les haricots rouges, couvrez-les d'eau et laissez-les tremper pendant 12 h. Après ce temps, égouttez les haricots, réservez.
- Épluchez et lavez les poireaux ou les oignons et coupez-les en tronçons. Faites chauffer l'huile d'olive dans un poêlon (en terre si possible), mettez-y le jambon fumé, les poireaux et les gousses d'ail écrasées. Assaisonnez avec le thym, le laurier et du sel. Au bout de quelques minutes, ajoutez les haricots rouges.
- Remuez avec une cuillère en bois. Mouillez avec le vin rouge et 1 litre d'eau. Enfin, ajoutez le concentré de tomate. Couvrez et faites mijoter à feu doux pendant 1 h 30. Retirez lorsque les haricots rouges sont encore bien entiers.

Bon à savoir

Ce plat a un pouvoir **antioxydant** maximal (16 752 µmol ORAC par portion).

Choux de Bruxelles confits

Préparation : 15 min   Cuisson : 40 min

Pour 4 personnes

600 g de choux de Bruxelles (frais ou surgelés)
2 carottes
4 tomates
2 oignons
2 échalotes
1/2 bouquet de persil plat
1 cuil. à café de curcuma
20 cl de vin blanc sec
1 cuil. à café de miel liquide
1 cuil. à soupe d'huile d'olive
Sel fin

- Nettoyez les choux et plongez-les 10 min dans de l'eau bouillante salée.
- Dans une cocotte, mettez à chauffer l'huile d'olive et faites-y revenir les oignons émincés jusqu'à ce qu'ils deviennent translucides. Ajoutez les tomates coupées en dés, les carottes en julienne (petits bâtonnets) et les échalotes émincées. Laissez cuire 2 à 3 min.
- Égouttez les choux et disposez-les dans la cocotte. Salez puis ajoutez le persil ciselé (en garder pour la déco), le curcuma et le miel. Mélangez bien et couvrez à moitié. Laissez confire à feu très doux environ 30 min.
- Ajoutez au besoin un petit peu de vin au fur et à mesure pour garder suffisamment de jus. Remuez régulièrement.
- Servez décoré de quelques brins de persil.

Bon à savoir

Ce plat a un pouvoir **antioxydant** maximal (11 576 µmol ORAC par portion).

Biscuit roulé de patates douces au chèvre frais

Préparation : 1 h Cuisson : 30 min

Pour 4 personnes

Pour le biscuit roulé

450 g de patates douces
4 œufs fermiers ou riches en oméga-3 (label Bleu-Blanc-Cœur*)
2 cuil. à soupe de graines de sésame
50 g de gruyère râpé (facultatif)
20 g de K-Sel**

Pour la garniture

1 yaourt de chèvre ou 1 yaourt au lait fermenté (type Fermentine***)
200 g de faisselle de chèvre égouttée
3 oignons frais
2 cuil. à soupe de cerneaux de noix

- Épluchez, lavez et coupez en cubes les patates douces.
- Dans une casserole, faites bouillir 70 cl d'eau avec le K-Sel. Dès l'ébullition, ajoutez les patates douces.
- Lorsqu'elles sont cuites, égouttez-les puis mixez-les pour obtenir une purée homogène. Laissez légèrement refroidir cette préparation.
- Préchauffez votre four à 180 °C (th. 6).
- Séparez les blancs des jaunes d'œufs. Incorporez les jaunes à la purée ainsi que le gruyère râpé et mixez le tout. Montez ensuite les blancs en neige et incorporez-les délicatement à la préparation. Étalez l'appareil à la spatule sur une plaque spéciale à biscuit roulé antiadhésive ou pourvue d'une feuille de papier sulfurisé. Lissez délicatement afin d'obtenir une couche d'une épaisseur de 1 cm.

---

* Voir p. 191.
** Voir p. 206.
*** Voir p. 124.

- Enfournez et laissez cuire pendant environ 10-15 min.
- Préparez un torchon humide et disposez dessus une feuille de papier sulfurisé.
- Sortez la préparation à la patate douce du four et saupoudrez de graines de sésame.
- Démoulez le biscuit sur le papier et le torchon puis roulez le biscuit à chaud. Laissez refroidir. Pendant ce temps, préparez la farce en mélangeant ensemble le yaourt, les oignons frais émincés et les cerneaux de noix grossièrement mixés. Déroulez ensuite le biscuit et étalez la farce à l'intérieur. Roulez à nouveau et coupez en tronçons.

Bon à savoir

Vous pouvez accompagner cette préparation d'une salade de mâche ou d'une salade verte ou encore de crudités de votre choix.

Œufs brouillés fraîcheur

Préparation : 10 min   Cuisson : 5 à 10 min

Pour 4 personnes

6 œufs fermiers ou riches en oméga-3 (label Bleu-Blanc-Cœur*)
2 tomates
Quelques feuilles de basilic ou de persil plat
1 feuille de menthe (facultatif)
1 cuil. à café d'huile d'olive
Sel fin

- Coupez les tomates en petits cubes et faites-les revenir à la poêle dans l'huile d'olive.
- Incorporez le basilic haché (ou le persil) et la menthe (facultatif).
- Cassez les œufs dessus.
- Brouillez le tout et salez à votre convenance.

* Voir p. 191.

Bricks de sardines au cumin

Préparation : 30 min Cuisson : 10 min

Pour 4 personnes
4 boîtes de filets de sardines marinées au citron et au basilic
80 g de fromage blanc ou de crème fraîche allégée ou de fromage frais
1 blanc d'œuf (pour souder les bricks)
2 pincées de cumin en poudre
4 feuilles de brick
3 cuil. à soupe d'huile d'olive
Sel fin

- Préchauffez le four à 210 °C (th. 7).
- Ouvrez les boîtes de sardines. Sortez les sardines et passez-les au mixeur avec le fromage blanc, le cumin et le sel (Si vous le souhaitez, vous pouvez ajouter les condiments contenus dans la boîte).
- Coupez chaque feuille de brick en deux avec une paire de ciseaux. Badigeonnez-la au pinceau avec de l'huile d'olive. Puis pliez-la en deux dans le sens de la longueur, en rabattant le côté arrondi pour obtenir un long rectangle.
- À l'extrémité du long rectangle, déposez 1/4 de la farce aux sardines. Repliez le coin en biais sur la longueur afin d'obtenir un triangle tout en enfermant la farce. Rabattez plusieurs fois le triangle sur lui-même. Pour fermer, enduisez l'extrémité de la feuille de brick de blanc d'œuf. Recommencez l'opération jusqu'à épuisement des ingrédients.
- Enfournez et faites cuire environ 10 min jusqu'à ce que les bricks soient dorés.

Bon à savoir
- Ce plat a un ratio **oméga-6/oméga-3** optimal puisque inférieur à 4.
- C'est une recette **facile, rapide** et **peu coûteuse** !

- Vous pouvez remplacer les sardines par des **maquereaux** en conserve marinés sans huile ajoutée. Ou encore remplacer la farce aux sardines par du **saumon** frais mixé avec de la crème fraîche épaisse, de la **ciboulette** (ou de l'**aneth** ou de l'**oseille**) et un peu de vin blanc ou de jus de citron.

Sardines à l'escabèche

Préparation : 15 min Cuisson : 1 h

Pour 4 personnes

500 g de filets de sardines frais ou surgelés
4 tomates
4 oignons
1 feuille de laurier
1 pincée de thym ou d'herbes de Provence
10 cl de vin blanc
2 cl d'huile d'olive
Sel fin, poivre du moulin

- Préchauffez le four à 180 °C (th. 6).
- Tapissez le fond d'un plat allant au four avec les filets de sardines salés et poivrés. Recouvrez-les avec une couche de tomates, d'oignons finement hachés et d'herbes aromatiques. Recommencez la superposition en terminant par une couche d'oignons hachés.
- Arrosez avec l'huile d'olive et le vin blanc.
- Enfournez et laissez mijoter jusqu'à évaporation presque complète du liquide. Compter environ 1 h de cuisson.

Bon à savoir

– Ce plat a un ratio **oméga-6/oméga-3** optimal puisque inférieur à 4.
– Vous pouvez accompagner ce plat avec du **riz complet**.

Risotto aux fruits de mer

Préparation : 20 min Cuisson : 50 min

Pour 4 personnes
250 g de riz rond complet
400 g de moules
400 g de palourdes
200 g de calmars
2 échalotes (120 g)
1 gousse d'ail
2 brins de persil plat
30 g de margarine riche en oméga-3, pour cuisson (type Primevère ou St Hubert)
20 g de parmesan (facultatif)
10 cl de vin blanc sec
1 litre de fumet de poisson
Sel fin

- Rincez soigneusement les moules et les palourdes.
- Disposez 10 g de margarine dans une casserole et faites cuire les coquillages jusqu'à ce qu'ils s'ouvrent. Réservez.
- Découpez les calmars en morceaux et faites-les revenir (départ à froid) dans une poêle avec 10 g de margarine.
- Faites chauffer le fumet de poisson et réservez-le au chaud.
- Préparez le risotto : épluchez l'ail et les échalotes et hachez-les finement. Faites-les revenir dans une sauteuse avec le reste de margarine. Ajoutez le riz. Mélangez et versez la moitié du vin blanc. Laissez le riz l'absorber puis ajoutez le reste, remuez. Versez une louche de fumet de poisson, et laissez mijoter jusqu'à ce qu'il soit absorbé. Continuez ainsi à mouiller petit à petit le risotto avec le fumet pendant environ 40 min.
- Lorsque le risotto est cuit, ajoutez les fruits de mer, les calmars, le persil ciselé et le parmesan. Servez sans attendre.

Bon à savoir
Ce risotto a un ratio **oméga-6/oméga-3** optimal puisque inférieur à 4.

Choucroute au saumon

Préparation : 20 min Cuisson : 50 min

Pour 4 personnes
4 pavés de saumon (600 g)
1 yaourt au lait fermenté (type Fermentine*)
800 g de choucroute
1 brin d'aneth
1 cuil. à café de baies de genièvre
15 cl de vin blanc (riesling)
2 cuil. à soupe d'huile d'olive
Sel fin

- Dans une cocotte, faites revenir la choucroute (sans la faire colorer) avec l'huile d'olive.
- Ajoutez les baies de genièvre, puis versez le vin blanc. Faites chauffer à feu très doux pendant 30 min.
- Pendant ce temps, faites cuire les pavés de saumon à la vapeur pendant environ 10 min.
- Égouttez la choucroute et réservez-la au chaud.
- Faites réduire le jus de cuisson à feu vif. Éteignez le feu et incorporez le yaourt en fouettant. Rectifiez l'assaisonnement.
- Répartissez la choucroute dans les assiettes et arrosez de sauce.
- Ajoutez le poisson et parsemez avec quelques pluches d'aneth.

* Voir p. 124.

Curry de lotte

Préparation : 20 min Cuisson : 1 h

Pour 4 personnes
400 g de queue de lotte coupée en gros cubes (ou autre poisson blanc)
200 g de riz basmati complet
2 citrons verts (soit 10 cl de jus)
6 tomates
4 oignons
2 gousses d'ail
4 cm de racine de gingembre frais
6 gousses de cardamome
1 cuil. à soupe de curry
1 cuil. à soupe de concentré de tomate
3 cuil. à soupe d'huile d'olive
Sel fin

- Plongez les tomates 30 s dans de l'eau bouillante avant de les peler et de les hacher. Épluchez l'ail, l'oignon et le gingembre. Pressez les citrons. Émincez l'oignon et pressez l'ail et le gingembre au presse-ail.
- Dans une casserole, faites chauffer l'huile d'olive, puis ajoutez l'oignon, le gingembre et l'ail. Faites revenir 4 min sans cesser de remuer. Ajoutez alors le curry et les gousses de cardamome. Laissez cuire à nouveau 4 min, puis versez le jus de citron, les tomates et le concentré de tomate. Baissez le feu et laissez mijoter 30 min. Salez.
- Mettez le riz dans un grand volume d'eau froide. Portez à ébullition et laissez cuire 45 min à feu moyen. Laissez gonfler 5 min dans son eau de cuisson.
- Avant que le riz ne soit complètement cuit, mettez la lotte dans la sauce tomate et portez à ébullition. Comptez alors 6 min pour qu'elle soit cuite.
- Égouttez le riz.
- Servez la lotte entourée de sauce ainsi que de riz.

Bon à savoir

- Cette recette est également excellente avec des **filets de merlu.**
- Ce plat a un pouvoir **antioxydant** maximal (17 722 µmol ORAC par portion).

Douceur de fruits

Préparation : 20 min

Pour 1 personne
2 cuil. à soupe de ricotta
ou de brousse
ou de yaourt nature au lait
fermenté (type Fermentine)*
1/2 banane
1/2 fruit au choix en plus
de la banane (pomme, poire,
pêche...)
ou 1 poignée de baies (myrtilles,
framboises, fraises...)
Le jus de 1/2 citron (facultatif)
1 cuil. à soupe de graines de lin
1 cuil. à soupe d'amandes
complètes (avec la peau)
1 cuil. à soupe rase d'huile
de colza bio

- Écrasez la 1/2 banane et incorporez-y les graines moulues (graines de lin et amandes complètes). Mélangez jusqu'à obtenir une pâte.
- Ajoutez l'huile puis le produit laitier choisi. Mélangez. Ajoutez ensuite les fruits et le jus du 1/2 citron (facultatif).
- Accommodez le mélange avec les parfums souhaités (voir ci-dessous quelques idées).

Bon à savoir
- Cette recette a un ratio **oméga-6/oméga-3** optimal puisque inférieur à 4.
- Vous trouvez les **graines de lin** et les **amandes complètes** en magasin bio.
- Broyez vos graines (dans un mixeur puissant) en grande quantité **à l'avance** et conservez-les dans des boîtes hermétiques au réfrigérateur. Vous pourrez ainsi y piocher facilement au moment de la préparation.

* Voir p. 124.

- N'hésitez pas à faire varier la quantité de yaourt, de brousse ou de ricotta en fonction de la **consistance désirée**.
- Faites des essais de parfums selon vos goûts, en ajoutant par exemple : un peu de **cacao** en poudre (de type Van Houten), du **sucre vanillé**, du **sucre à la cannelle**, de l'**eau de fleur d'oranger**, de l'**extrait d'amande** liquide, etc.
- Il est également possible de consommer cette Douceur de fruits au petit déjeuner.

Salade d'oranges fraîches et son crumble de spéculoos

Préparation : 20 min

Pour 4 personnes
4 oranges
4 spéculoos
1 cuil. à soupe rase de sucre de canne complet
40 g d'amandes effilées
2 cuil. à soupe de graines de lin moulues (en magasin bio)

- Pelez les oranges et prélevez les quartiers sans leur peau. Mélangez-les avec le sucre.
- Écrasez grossièrement les spéculoos.
- Faites griller les amandes dans une poêle à sec (non graissée) et mélangez-les aux spéculoos. Ajoutez les graines de lin moulues.
- Disposez les oranges dans 4 verres avec un peu de jus et parsemez de crumble.

Bon à savoir
- Ce dessert a un ratio **oméga-6/oméga-3 optimal** puisque inférieur à 4.
- Le **sucre de canne complet** est un sucre de canne intégral encore moins raffiné que le sucre de canne blond. Son apparence est très foncée et sa saveur plus marquée que le sucre de canne classique (il a conservé davantage de mélasse riche en oligoéléments).

Compote de pommes aux épices

Préparation : 15 min   Cuisson : 30 min

Pour 4 personnes

1,5 kg de pommes vertes granny smith
1 petit morceau de gingembre frais
1 cuil. à café de cannelle en poudre
3 clous de girofle
1 à 2 sachets de sucre vanillé

- Pelez les pommes et ôtez les cœurs et les pépins, puis détaillez-les en morceaux.
- Dans une sauteuse, disposez les morceaux de pommes ; couvrez et laissez cuire à feu doux pendant 30 min sans matière grasse en y ajoutant éventuellement un peu d'eau. Pour davantage de saveur, il est possible de faire revenir les pommes dans un peu de beurre mais c'est facultatif.
- Pelez le gingembre et râpez-le.
- Au bout de 10 min de cuisson des pommes, ajoutez le sucre vanillé, la cannelle, le gingembre râpé et les clous de girofle.
- Il est possible de déguster cette compote encore tiède ou froide.

Bon à savoir

Cette compote a un pouvoir **antioxydant** maximal (27 370 µmol par portion).

Compote de figues fraîches à la vanille

Préparation : 20 min   Cuisson : 10 min

Pour 4 personnes
15 figues fraîches (450 g)
2 gousses de vanille
1 cuil. à soupe de graines de lin (en magasin bio)

- Lavez et essuyez les figues, puis coupez-les en morceaux. Mettez-les dans une casserole avec les gousses de vanille fendues et 2 cuil. à soupe d'eau.
- Faites cuire à feu moyen en remuant de temps en temps, jusqu'à ce que le liquide se soit évaporé (environ 10 min).
- Mixez les graines de lin afin de les réduire en poudre et ajoutez-les à la compote de figues.
- Laissez refroidir complètement avant de servir.

Bon à savoir
Cette compote a un ratio **oméga-6/oméga-3** optimal puisque inférieur à 4.

Crêpes aux fruits

Préparation : 20 min Repos au frais : 1 h Cuisson de la garniture : 15 min
Cuisson des crêpes : 2 à 3 min par crêpe

Pour 4 personnes
Pour la pâte à crêpes
250 g de farine de blé complet
100 g de sucre de canne complet
4 œufs fermiers ou riches en oméga-3 (label Bleu-Blanc-Cœur*)
50 cl de lait
50 g de margarine riche en oméga-3, pour cuisson (type Primevère ou St Hubert)
1 gousse de vanille
1 pincée de sel
Pour la garniture
2 poires
2 pommes
1 banane
1 orange bio
30 g de noix concassées
4 étoiles de badiane (anis étoilé)
1 noisette de beurre

- Préparez les crêpes : mélangez la farine, le sucre et 1 pincée de sel. Creusez un puits et cassez-y les œufs. Battez au fouet, et versez peu à peu le lait puis la margarine fondue. Ajoutez ensuite la gousse de vanille fendue et grattée, puis laissez reposer au moins 1 h au réfrigérateur.
- Préparez la garniture : prélevez le zeste de l'orange, détaillez-le en petits bâtonnets, réservez-les. Épluchez les fruits et coupez-les en petits morceaux, sauf l'orange dont vous prélevez le jus. Dans une poêle, faites chauffer le beurre, ajoutez les fruits coupés et les étoiles de badiane. Laissez caraméliser sur feu vif, puis arrosez avec le jus d'orange et incorporez les zestes. Laissez évaporer, ajoutez les noix concassées et laissez tiédir.
- Confectionnez les crêpes : versez rapidement une petite louche de pâte dans une poêle chaude graissée, en la soulevant au-dessus du feu ; imprimez-lui rapidement un mouvement circulaire pour étaler la pâte sur toute la surface ; reposez la poêle

* Voir p. 191.

sur feu moyen et laissez cuire en surveillant attentivement. À l'aide d'une spatule plate, décollez légèrement les bords ; quand ils se décollent bien, vous pouvez retourner la crêpe délicatement et la laisser cuire sur son autre face.

- Puis garnissez les crêpes avec une grosse cuillerée de fruits après avoir retiré les étoiles de badiane.

Bon à savoir

- Ces crêpes ont un ratio **oméga-6/oméga-3** optimal puisque inférieur à 4.
- Les gourmands peuvent réaliser une sauce au chocolat parfumée à la cannelle et en napper les crêpes.
- Pour maintenir vos crêpes au chaud, dès la fin de la cuisson, faites-les glisser au fur et à mesure sur une assiette posée sur une casserole d'eau frémissante et recouvrez d'une autre assiette. Vous pouvez aussi les réchauffer au four à micro-ondes, empilées les unes sur les autres, pendant 2 min, à puissance moyenne.

Crème aux œufs

Préparation : 10 min Cuisson : 40 min

Pour 4 personnes

6 œufs fermiers ou riches en oméga-3 (label Bleu-Blanc-Cœur*)
1 litre de lait ou de boisson au soja nature
2 cuil. à soupe de stévia (édulcorant naturel)
1 gousse de vanille ou parfum au choix (citron, café, eau de fleur d'oranger...)

- Préchauffez le four à 150 °C (th. 5).
- Faites bouillir le lait avec la gousse de vanille fendue ou le parfum de votre choix.
- Cassez les œufs l'un après l'autre dans une terrine. Battez-les comme pour une omelette.
- Versez doucement le lait bouillant sur les œufs en continuant à les battre.
- Versez cette préparation dans un plat allant au four.
- Mettez à cuire pour environ 30 min. Retirez du four lorsque les œufs sont pris. Laissez refroidir.
- Au moment de déguster, saupoudrez de stévia.

* Voir p. 191.

Gâteau « Cœur de nuage »

Préparation : 10 min Cuisson : 30 min

Pour 4 personnes

400 g de brousse ou de ricotta
3 œufs fermiers ou riches en oméga-3 (label Bleu-Blanc-Cœur*)
1 cuil. à soupe de jus de citron
70 g de sucre de canne complet
3 cuil. à soupe de fleur de maïs (Maïzena)
1/2 sachet de levure chimique
2 cuil. à soupe de noix de coco ou de poudre d'amande complète
2 cuil. à soupe d'eau de fleur d'oranger et/ou quelques gouttes d'extrait d'amande amère et/ou d'extrait de vanille

- Préchauffez le four à 180 °C (th. 6).
- Battez les œufs et le sucre au batteur électrique.
- Ajoutez la noix de coco (ou la poudre d'amande), la fleur de maïs, la levure, puis mélangez avec le jus de citron et l'eau de fleur d'oranger.
- Incorporez la brousse ou la ricotta en fouettant vivement.
- Lorsque la pâte est bien lisse, versez-la dans un moule et enfournez pour environ 30 min.

Bon à savoir

- Le **sucre de canne complet** est un sucre de canne intégral encore moins raffiné que le sucre de canne blond. Son apparence est très foncée et sa saveur plus marquée que le sucre de canne classique (il a conservé davantage de mélasse riche en oligoéléments).
- À partir de cette recette de base, vous pouvez varier les parfums à l'infini !

Remplacez la noix de coco par des **zestes d'orange** ou par des **zestes de citron** et une lichette de *lemon curd* (un véritable

* Voir p. 191.

délice !). Ajoutez de la **vanille** ou de la **cannelle** ou encore quelques petits morceaux de **fruits** (pommes, poires, fruits rouges, etc.).
À vous de jouer !

Mousse au chocolat

Préparation : 10 min   Cuisson : 10 min
Repos au réfrigérateur : au moins 3 h

Pour 6 personnes

200 g de chocolat noir à 70 % de cacao
10 g de margarine riche en oméga-3, pour cuisson, type Primevère ou St Hubert (facultatif)
1 cuil. à soupe de sucre de canne complet (facultatif)
2 œufs fermiers ou riches en oméga-3 (label Bleu-Blanc-Cœur*)
+ 2 blancs d'œufs fermiers ou riches en oméga-3
50 g d'écorce d'orange confite bio
1 pincée de sel

- Préparez une casserole d'eau chaude.
- Cassez le chocolat en morceaux. Mettez-le dans une jatte supportant la chaleur. Placez la jatte au-dessus de la casserole d'eau, sur feu doux, et laissez fondre le chocolat au bain-marie.
- Lorsque le chocolat est bien fondu, retirez la jatte. Mélangez avec une spatule. Ajoutez la margarine et laissez fondre. Mélangez encore.
- Cassez les 2 œufs en séparant les blancs des jaunes. Mélangez les jaunes avec le sucre de canne complet et incorporez le mélange au chocolat fondu en remuant bien.
- Coupez l'écorce d'orange confite en très fines lamelles et ajoutez-les au chocolat.
- Montez les 4 blancs d'œufs en neige avec 1 pincée de sel. Incorporez-les au chocolat en mélangeant doucement. Couvrez la mousse et mettez-la au réfrigérateur au moins 3 h.

Bon à savoir

Ce plat a un pouvoir **antioxydant** maximal (34 959 µmol par portion).

* Voir p. 191.

- N'hésitez pas à remplacer l'orange confite par 1 cuil. à café de **gingembre** en poudre ou de **cannelle** ou encore de **piment d'Espelette**. Vous augmenterez encore le pouvoir antioxydant de la recette et ferez ressortir la saveur du cacao.

Fondant au chocolat et au gingembre confit

Préparation : 10 min   Cuisson : 12 min

Pour 6 personnes

200 g de chocolat noir à 70 % de cacao minimum
100 g de margarine riche en oméga-3, pour cuisson (type Primevère ou St Hubert)
4 œufs fermiers ou riches en oméga-3 (label Bleu-Blanc-Cœur*)
100 g de sucre de canne complet
50 g de farine complète ou de farine de riz (en magasin bio)
30 g de gingembre confit
1 pincée de sel

- Préchauffez le four à 200 °C (th. 6-7).
- Coupez le chocolat en carrés et faites-le fondre au bain-marie.
- Dans une autre casserole, faites fondre la margarine.
- Pendant ce temps, battez les œufs et le sucre au fouet. Ajoutez la margarine fondue, battez à nouveau. Ajoutez la farine d'un seul coup, le sel, le gingembre coupé en petits cubes et le chocolat fondu. Mélangez bien.
- Beurrez des moules individuels avec un peu de margarine et farinez-les, puis versez le mélange dans les moules.
- Enfournez et laissez cuire 12 min.
- Sortez les fondants du four, laissez-les reposer 2 min avant de les démouler.

Bon à savoir

Ce plat a un pouvoir **antioxydant** maximal (35 857 µmol ORAC par portion).

* Voir p. 191.

Smoothie Câlinou

Préparation : 5 min

Pour 4 personnes
2 bananes
4 cuil. à soupe de ricotta ou 2 yaourts au lait fermenté (type Fermentine*)
1 cuil. à soupe de purée de noisettes ou d'amandes (magasin bio)
40 g de chocolat noir fondu à 70 % de cacao

- Épluchez les bananes, disposez-les dans le bol d'un blender.
- Ajoutez la ricotta ou les yaourts, la purée de noisettes ou d'amandes et le chocolat fondu.
- Mixez et dégustez.

* Voir p. 124.

Smoothie antioxydant

Préparation : 10 min

Pour 1 personne

200 g de fraises ou framboises
ou myrtilles ou mûres
ou cassis ou canneberges
ou un mélange de fruits rouges
(frais ou surgelés)

1 orange

10 cl de jus de raisin noir
(sans sucre ajouté)

1 cuil. à soupe rase de concentré
de tomate

1 yaourt au lait fermenté
(type Fermentine*)

- Épluchez l'orange et détaillez-la en petits cubes.
- Dans le bol d'un blender ou d'un mixeur puissant, disposez tous les ingrédients : petits cubes d'orange, fruits rouges, jus de raisin, concentré de tomate et yaourt.
- Mixez pendant 3 min. C'est prêt, vous pouvez déguster.

Bon à savoir

Ce plat a un pouvoir **antioxydant** maximal (31 207 µmol par portion).

* Voir p. 124.

Milk-shake banana fraises

Préparation : 10 min

Pour 4 personnes

2 à 4 pots de yaourt au lait fermenté (type Fermentine*) nature (suivant la consistance désirée)
500 g de fraises (ou autres fruits de votre choix)
1 banane peu mûre
1 sachet de sucre vanillé
Glaçons (facultatif)

- Lavez les fraises, puis équeutez-les.
- Mettez-les dans le bol d'un blender avec la banane, les pots de yaourt nature et le sachet de sucre vanillé. Mixez.
- Servez dans de jolis verres agrémentés d'une paille.

Bon à savoir

Si le mélange vous paraît un peu trop épais, ou que vous souhaitez encore plus de fraîcheur, ajoutez-y quelques **glaçons**.

* Voir p. 124.

Tisane digestive

Préparation : 5 min   Infusion : 5 min

Pour 4 personnes

1 branche de thym
1 branche de mélisse
1 branche de menthe poivrée
2 branches de verveine
1 feuille de citronnelle
1 cuil. à soupe de miel (facultatif)

- Faites bouillir 1 litre d'eau dans une grande casserole.
- Jetez-y pêle-mêle tous les ingrédients.
- Couvrez et laissez infuser 5 min.

Conclusion

La médecine est depuis toujours confrontée à l'opposition entre une médecine curative, qui serait l'apanage des médecins libéraux, et une médecine préventive tournée autour des actions de santé publique.

Les médecins de ville, par leur formation, par l'organisation de leur pratique, ne sont pas enclins à s'occuper de prévention avec leurs patients.

Un rapport remis par la Haute Autorité de Santé en juin 2011, pointait toutes les raisons pouvant expliquer pourquoi les « thérapeutiques non médicamenteuses » n'étaient pas prescrites sur les ordonnances médicales ; parmi celles-ci, le conseil alimentaire, la remise en mouvement, la gestion du stress font pourtant l'objet de nombreuses études scientifiques démontrant leur efficacité.

Les experts en micronutrition se sont intéressés de très près à la prévention individuelle de chacun de leurs patients, et l'IEDM dans ses propositions de formation a développé une méthodologie de consultation adaptée à ce besoin.

Cette méthodologie comprend deux phases :

– une première phase dont l'objectif est de faire une « expertise de santé » ;

– une seconde phase dont le but est de proposer des « solutions de santé » adaptées à chaque patient.

Cette « expertise de santé » comprend entre cinq et sept étapes en fonction du niveau d'investigation. Il s'agit de regarder :
- les antécédents familiaux et personnels ;
- les questionnaires fonctionnels de santé (QMS, QFP) ;
- l'évaluation fonctionnelle de l'assiette (QAF) ;
- l'analyse de la composition corporelle ;
- l'estimation des activités physiques ;
- l'évaluation du stress perçu ;
- les explorations biologiques complémentaires à visée nutritionnelle et fonctionnelle.

Ces explorations permettent de dépister des états de santé silencieux ou peu bruyants, qui sont en fait de véritables facteurs de risque de développer une maladie et/ou de limiter l'espérance de vie en bonne santé.

Concernant le contenu des « solutions de santé », il s'appuie sur un incontournable suivi en consultation qui peut s'étaler sur plusieurs mois et consiste à faciliter l'adoption d'habitudes de vie favorables, en particulier dans les domaines de l'alimentation, de l'activité physique, de la gestion du stress et du sommeil, du sevrage du tabac, parfois de certains médicaments...

Ces conseils seront soutenus par des prescriptions de produits de santé, en micronutrition et en phytothérapie ; ces prescriptions n'étant jamais de principe, mais adaptées à chacun selon son état de santé. Nous travaillons avec certaines assurances santé pour envisager les modalités d'une prise en charge de ce type de consultation de prévention individuelle.

Remerciements

Nos remerciements à nos familles, qui accompagnent en permanence nos passions nutritionnelles, même si ces dernières nous rendent souvent peu disponibles.

La micronutrition d'aujourd'hui doit beaucoup à son inspirateur visionnaire, le Dr Christian Leclerc, fédérateur de toutes les énergies, et à André Burckel, pharmacien biologiste, qui très tôt, en tant que précurseur, a mis en avant les fondements biologiques de la médecine préventive individualisée.

Didier Chos souhaite remercier ses collaborateurs les plus proches avec qui l'imagination, la réflexion, la création sont quotidiennement au rendez-vous. Parmi eux, depuis presque 15 ans, Denis Riché et Laurence Benedetti, et plus récemment Aline Corcelle Requin.

La formation des professionnels de santé à la micronutrition est un travail d'équipe, dans laquelle Alain Cornic, Olivier Coudron, Marie-Hélène Laffont et Thierry Lacroix, Jacqueline Lasmènes Busquet, Michèle Nérat, Jean-Jacques Henry, Pierre Dez, Gérard Gonthier, Martine et Marc Lederer occupent une place particulière.

Un hommage plus personnel à notre compagnon de la première heure, Michel Retzmanick, qui, au-delà de sa contribution à la pédagogie, a été le formateur avisé de Laëtitia Agullo et lui a transmis le goût de la micronutrition. Laëtitia Agullo tient à lui témoigner sa sincère reconnaissance pour son abnégation, sa disponibilité, son implication dévouée dans la transmission de son savoir.

Une pensée pour nos amis spécialistes de la phytothérapie clinique individualisée, avec qui nous travaillons sur les meilleures associations micronutrition-phytothérapie, en particulier Marc Beck, Martine Charles et Éric Lorrain.

Nous avons une profonde gratitude pour l'ensemble des scientifiques et pédagogues qui nous apportent la matière médicale et scientifique indispensable.

Enfin, un grand remerciement pour leur professionnalisme et leur qualité d'attention et de conseils à Laure Paoli (Albin Michel), Béatrice Marchand et Caroline Signol (Albin Michel), à toutes les étapes de la réalisation de ce livre.

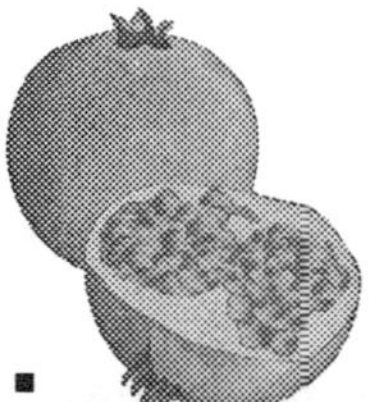

Bibliographie et informations pratiques

Bibliographie

Des mêmes auteurs

Agullo L., *Bien manger pendant 9 mois : le guide alimentaire de référence quand on est enceinte*, Thierry Souccar Éditions, 2013.

Agullo L., *La Diététique de la fertilité*, Éditions Jouvence, 2010.

Agullo L., *L'Agullo ou l'Indispensable de l'alimentation saine*, Thierry Souccar Éditions, 2009.

Agullo L., *La Meilleure Façon de manger en attendant bébé*, Thierry Souccar Éditions, 2009.

Agullo L., *La Diététique anti-cancer*, Thierry Souccar Éditions, 2008.

Agullo L., *La Diététique anti-dépression*, Thierry Souccar Éditions, 2008.

Benedetti L. (Dr) et Chos D. (Dr), *Maigrir avec la micronutrition*, First, 2010.

Berthelot L. (Dr) et Warnet J. (Dr), *Les Secrets de l'intestin, filtre de notre corps*, Albin Michel, 2011.

Chos D. (Dr), *Tous les bienfaits de la micronutrition*, Flammarion, 2007.

Chos D. (Dr) et Riché D., *Diététique et micronutrition du sportif*, Vigot, 2001.

Corcelle Requin A. (Dr) et Chos D. (Dr), *Thalavie : la thalassothérapie sur mesure*, Éd. Acanthe, 2013.

Riché D., avec la collaboration de Chos D. (Dr), *Micronutrition, santé et performance*, Éd. De Boeck, 2008.

Autres ouvrages conseillés

Burckel A., *Les Bienfaits du régime crétois*, J'ai lu, 2012.

Collectif, *Que faire de simple aujourd'hui avec les légumes frais*, Institut Pasteur de Lille, 2007.

Fradin J. et collectif, *L'Intelligence du stress*, Eyrolles, 2008.

Fradin J. et Le Moullec F., *Manager selon les personnalités*, Eyrolles, 2014.

Guérineau B. (Dr), *Les Secrets de la micronutrition*, Albin Michel, 2010.

Lorgeril M. (de) (Dr), *Cholestérol, Mensonges et Propagande*, Thierry Souccar Éditions, 2013.

Riché D., *Micronutrition et fibromyalgie, ne nourrissez pas votre douleur*, Éd. De Boeck, 2013.

Weill P., *Tous gros demain ?*, Plon, 2007.

Informations pratiques

Pour consulter un médecin compétent en micronutrition :
Institut européen de diététique et micronutrition (IEDM)
20, rue Émériau – 75015 Paris
Tél. : 0810 004 336 – contact@iedm.asso.fr – http://www.iedm.asso.fr
Fondé en 1997, l'IEDM a pour vocation de former des professionnels de santé à la diététique et à la micronutrition. Il compte près de 2 000 membres actifs, dont 500 médecins spécialistes en micronutrition dans toute la France.

Pour se documenter :
Des informations sur la sphère digestive et l'écosystème intestinal :
http://www.lactibiane.fr
Les recettes santé de la fondation PiLeJe, en collaboration avec le service de presse en ligne destinationsante.com sont accessibles sur :
http://www.macuisine-masante.fr
Le laboratoire de phytothérapie clinique individualisée :
www.phytoprevent.com
L'information alimentation santé pour le public :
http//www.fondation-pileje.com
L'information sur la psychonutrition et les neurosciences :
http://www.neurocognitivisme.fr

Table des matières

Table des questionnaires

Édition : Laure Paoli et Béatrice Marchand
Relectures et corrections : Sophie Behr, Cécile Chavent

Ouvrage publié sous la direction de Laure Paoli

Composition : Nord Compo
Impression : CPi Bussière en avril 2014
Éditions Albin Michel
22, rue Huyghens, 75014 Paris
www.albin-michel.fr

ISBN : 978-2-226-25711-6
N° d'édition : 21198/01
N° d'impression : 2009311
Dépôt légal : mai 2014
Imprimé en France